MYLES MUNROE

MAXIMICE
SU POTENCIAL

PENIEL

BUENOS AIRES - MIAMI - SAN JOSÉ - SANTIAGO

www.peniel.com

EDITORIAL PENIEL
Boedo 25
Buenos Aires, C1206AAA
Argentina
Tel. 54-11 4981-6178 / 6034
e-mail: info@peniel.com
www.peniel.com

Diseño de portada y interior:
ARTE PENIEL • arte@peniel.com

Publicado originalmente en inglés con el título:
Maximizing Your Potential
by Destiny Image, Shippensburg, PA, USA
and Diplomat Press, Nassau, Bahamas
Copyright © 1996 – Myles Munroe
All rights reserved.

Munroe, Myles
Maximice su potencial. - 1a ed. - Buenos Aires : Peniel, 2011.
192 p. ; 23x15 cm.
Traducido por: Carolina Núñez
ISBN 10: 987-557-285-3
ISBN 13: 978-987-557-285-0
1. Vida Cristiana. I. Carolina Núñez, trad. II. Título
CDD 248

Impreso en Colombia / Printed in Colombia

Dedicatoria

A la juventud de la presente generación y a sus hijos.

A los lectores de mis dos primeros volúmenes de potencial, con la esperanza de que continuarán con el proceso que comenzaron a fin de descubrir, liberar y maximizar su verdadera habilidad.

Al espíritu humano, destinado a la grandeza en su deseo de dar a conocer el glorioso y rico tesoro de la gracia de Dios.

A los millones de personas del Tercer Mundo que no han explotado su potencial sobre la Tierra, por quienes siento la pasión de verlos materializar todo su potencial.

A la fuente y sustentador de todo el potencial, al Omnipotente, y a mi Salvador personal, el Señor Jesucristo.

Agradecimientos

Todo lo que sabemos es una suma total de lo que hemos aprendido de todos los que nos han enseñando, tanto de forma directa como indirecta. Estoy en deuda por siempre con los hombres y mujeres sobresalientes e incontables, cuyo compromiso y dedicación para convertirse en lo mejor que pudieron me han inspirado a hacer lo mismo.

Siempre tengo presentes el amor incomparable, la oración, el apoyo y la paciencia de mi esposa preciosa, Ruth, y de nuestros hijos, Charisa y Chairo (Myles Jr.), y estoy profundamente agradecido por su comprensión, inspiración y fidelidad al recordarme que ellos son mi grupo de apoyo número uno.

A Kathy Miller, mi talentosa y diligente editora y consejera, quien colaboró conmigo en la entrega de este libro. Gracias por tu paciencia, tolerancia y persistencia para verme maximizar el potencial de este libro.

A mis compañeros, quienes junto a mí están comprometidos en alcanzar a las naciones del Tercer Mundo con La Palabra y los principios firmes del Reino de Dios: Turnel Nelson, Bertril Baird, Peter Morgan, John Smith, Fuchsia Pickett, Ezekiel Guti, Jerry Horner, Victor Martinez y Kingsley Fletcher.

A mi equipo de laboriosos compañeros del destino: Richard y Shenna Pinder, Dave Burrows, Henry Francis, Debbie Bartlett, Jay Mullings, Wesley Smith, Allen Munroe, Gloria Seymour, Angie Achara, Charles Notagge, Pat Rolle y Sheila Francis, mi amada hermana. Todos ellos demandan el máximo de mi potencial.

Contenido

Prólogo

Yo te daré a ti (...) toda la tierra que
abarca tu mirada. —*Génesis 13:15*

D ado que nos encontramos en el medio de cambios personales, sociales y globales, las personas experimentan más temor, ansiedad y desesperanza que nunca antes. Los despidos de trabajo astronómicos, las rupturas familiares, la violencia adolescente, el crimen, la ausencia de valores espirituales, la falta de seguridad laboral y las estadísticas de suicidio en alza, han creado un sentido de urgencia dentro de las personas para buscar el camino hacia una vida mejor.

En mi humilde opinión, *Maximice su potencial,* del Dr. Myles Munroe, reconocido a nivel internacional como líder religioso, filósofo y orador motivacional, provee muchas respuestas esenciales.

No sólo basa sus principios en La Biblia, la cual es el recurso mayor para la búsqueda de grandeza, sino que también vive el mensaje acerca del cual escribe.

Nacido en un país del Tercer Mundo, rodeado de pobreza y desesperanza, a los 16 años Myles Munroe tomó la decisión de ser todo lo que Dios pretendía que él fuera. No sólo es el autor más vendido y un orador muy solicitado, sino que también viaja alrededor del globo para enseñar acerca de sus experiencias de vida y es consultado por dirigentes de naciones y por las empresas más importantes. Es un cantante talentoso, un compositor de canciones y toca varios instrumentos. Es un pintor ingenioso, el pastor de la congregación más creciente en las Bahamas y un esposo y padre devoto. Es consejero espiritual de celebridades y personas de alto perfil de todas las esferas sociales, incluidos mi esposa, Gladys Knight-Brown, y yo.

Maximice su potencial te da las claves para tener la "autoridad" y el dominio que Dios te ha dado sobre cada área de tu vida.

Te dará los métodos para descubrir el propósito de tu vida y desarrollar una relación más cercana con Dios.

Maximice su potencial te lleva a buscar *"primeramente el reino de Dios y su justicia"*, y cualesquiera sean tus objetivos, ya sean sacar tu vida de un pozo, salvar tu matrimonio, recomenzar tu carrera, redirigir las vidas de nuestra juventud y encontrar paz mental, buena salud y éxito financiero, *"todas estas cosas"* —y mucho, mucho más— *"serán añadidas"* (Mateo 6:33).

Mientras rápidamente nos dirigimos al cierre de este siglo, *Maximice su potencial* será usado en los próximos años como una antorcha que nos guíe fuera de los túneles de mediocridad, temor y desesperanza.

"(...) y todo lo que tengo es tuyo" (Lucas 15:31).

"Este ha sido el bebé de la señora abuela Brown".

—Les Brown

Prefacio

La amenaza más grande de ser todo lo que podrías ser es la satisfacción con quien tú eres. Lo que puedes hacer siempre se encuentra en peligro debido a lo que has hecho. Hay millones de individuos que han enterrado sus talentos latentes, dones y habilidades en el cementerio de su último logro. Se han conformado con menos que con lo mejor de ellos. Creo que el enemigo de lo mejor es lo bueno, y la fortaleza de lo bueno es la norma. El poder de la norma es el curso de nuestra sociedad. Parece que el mundo está diseñado para hacer "la norma" confortable y "el promedio" respetable. ¡Qué tragedia!

Una mirada rápida a la historia revela que las personas que han impactado sus generaciones y afectado el mundo de la forma más radical, fueron personas que debido a una circunstancia, presión o decisión desafiaron la marea de la convención, ampliaron los límites de la tradición y violaron las expectativas de la norma. *Pocas grandes cosas han sido hechas dentro de los confines de la norma aceptada.*

En esencia, la Historia siempre está hecha de personas que se atreven a desafiar y a exceder la norma aceptada. ¿Por qué seguir un camino cuando se puede hacer una huella? Nos incumbe a cada uno de nosotros el formularnos las siguientes preguntas: ¿Nos hemos convertido en todo lo que somos capaces? ¿Nos hemos extendido al máximo? ¿Hemos hecho lo mejor que podemos? ¿Hemos usado los dones, talentos y habilidades a su límite?

Por favor, observa que la maximización de las habilidades, talentos, dones y potenciales no utilizados que permanecen inactivos en las vidas de las personas que han impactado sus generaciones, se produjo debido a la presión creada por las circunstancias y las situaciones más allá de su control. Desafortunadamente, la mayoría de las personas del planeta Tierra nunca irán más allá de "la norma" a menos que lo "anormal" se desarrolle. Es como si la habilidad necesitara responsabilidad para revelarla y exponerse a sí misma.

Creo que es la voluntad y el deseo de nuestro Creador que decidamos comprometernos, dedicarnos y determinarnos en nuestro interior a lograr la maximización total de nuestro potencial. Una vez más, las preguntas se repiten: ¿Hemos utilizado nuestras habilidades, talentos y dones de forma completa? ¿Hemos establecido la norma? ¿Hemos hecho lo mejor? ¿Hemos permitido que otros establezcan limitaciones a nuestro potencial, o hemos creado nuestras propias limitaciones?

Es esencial que te aferres a estas preguntas debido a que están relacionadas con el logro personal, la contribución a la familia humana y el placer de tu Creador. El Creador te ha dotado de tesoros inmensurables de habilidad específicamente diseñados y hechos a medida para llevar a cabo todo lo que el propósito dado por Dios requiere. Estás equipado con todo lo que necesitas para hacer todo para lo cual fuiste creado. Sin embargo, la liberación de tu potencial no depende de Dios sino de ti. Tú determinas el grado en el cual se logra tu destino. Tú determinas la medida de tu propio éxito, el cual está establecido por la misión del Creador para tu vida.

Permíteme ilustrarte esto con una experiencia personal. Hace algunos años tuve el privilegio de comprar un video reproductor y grabador de una marca reconocida para mi familia. Cuando llegué a casa con la compra, ansiosamente me anticipé al proceso emocionante de instalar esta maravilla de la tecnología. Mis hijos se unieron a mí cuando me senté en el piso de nuestra sala de estar para abrir este nuevo tesoro para nuestra casa. Con prisa ilimitada, rompí la envoltura y saqué el aparato de su embalaje de poliestireno, ignorando el manual que cayó en el piso a mi lado. Luego, para dar uso al conocimiento básico que había obtenido de otros a quienes había observado instalar máquinas similares, procedí a mostrar mi habilidad y sabiduría. Después de conectar unos pocos cables y dar vuelta algunos botones, estaba listo para probar mi habilidad. Tomé un casete de video, lo coloqué en la máquina, encendí el televisor y ¡bingo!, reproducía. Cuando la figura apareció en la pantalla, tuve una sensación de orgullo y logro personal. Volviéndome a mi hijo y a mi hija, les dije: "Ahí está, lo hicimos".

Nos sentamos y miramos por un rato; luego ocurrió algo que cambió mi vida para siempre. La naturaleza curiosa de mi hijo comenzó a trabajar. Se acercó a la máquina de video, apuntó a la fila de doce botones y preguntó: "¿Para qué son, papá?". En mi intento de demostrar mi sabiduría paterna y mi ventaja adulta en el conocimiento, me incliné y examiné los botones. Rápidamente me di cuenta de que era incapaz de explicar algunas de las funciones indicadas en los botones, excepto aquellas de pausar, rebobinar, detener y reproducir, y me encontré a mí mismo exponiendo la ignorancia delante de mis hijos.

Aprendí una lección ese día que se convertiría en un pilar trascendental en mi vida. Debido a que había ignorado el manual del fabricante y me había rehusado a leerlo y seguir las instrucciones que estaban dentro, fui incapaz de utilizar, maximizar y apreciar de forma completa todo el potencial del producto. Me había conformado con menos que la capacidad total. Fui una víctima del vivir de acuerdo a los modelos y observaciones de otros. En esencia, *el desempeño del producto se restringía a la limitación que mi ignorancia había establecido en sus funciones*. Esta limitación de desempeño también se puede extender a aquellos que leen el manual del fabricante, pero se rehúsan a usar las funciones inherentes en la construcción del producto. Por lo tanto, nunca experimentan todo el potencial de la máquina. Sólo desean experimentar el mínimo.

En realidad, esta experiencia describe perfectamente las vidas de la mayoría de los casi seis mil millones de personas en el planeta Tierra. Muchos viven con solo cuatro funciones: reproducir, detener, pausar y rebobinar. Día tras día van a los trabajos que odian, se detienen a descansar en hogares que desprecian, pausan lo suficiente para descargar su frustración, y luego juegan los juegos que las personas juegan de pretender ser felices.

¡Qué tragedia! Nunca experimentan el gozo de otras funciones de la vida, tales como desarrollar y refinar sus habilidades, cumplir con el destino dado por Dios, capturar el propósito para sus vidas, hacer planes de largo alcance, expandir la base de sus conocimientos, aumentar su exposición a través de viajes y explorar los límites de sus dones, talentos y habilidades. Han elegido aceptar el destino de los millones que se han resignado a una vida normal, con actividades normales, en la compañía de personas normales, esforzándose por objetivos normales, a un ritmo normal, con una motivación normal, con una educación normal, enseñados por maestros normales, quienes dan clases normales, y viven en casas normales, con familias normales, y dejan una herencia normal para sus hijos normales, quienes los entierran en una tumba normal. Qué tragedia normal.

Estoy convencido de que nuestro Creador nunca tuvo la intención de que fuéramos normales, esto es, de que nos perdamos en la multitud de "la norma". Esto se evidencia en el hecho de que entre los cinco mil ochocientos millones de personas en este planeta, ni siquiera dos personas son iguales; sus huellas digitales, su código genético y combinaciones cromosómicas son todos diferentes y únicos. En realidad, Dios creó a todas las personas para que fueran originales, pero todavía somos copias de otros. Con demasiada frecuencia estamos tan preocupados en tratar de encajar, que nunca sobresalimos.

Fuiste diseñado para ser diferente, especial, irreemplazable y único, entonces, ¡rechaza ser "normal"! ¡Ve más allá del promedio! No te esfuerces por ser aceptado, más bien esfuérzate por ser tú mismo. Evita lo mínimo, persigue lo máximo. Utiliza todas tus funciones. ¡Maximízate! Úsate para la gloria de tu Creador. Te exhorto: *muere vacío. Muere lleno por haber muerto vacío.*

Este libro se escribió para la persona "normal" que desea exceder la norma. Es para la persona "ordinaria" que ha determinado ser "extraordinaria". Es para una persona como tú, que sabe que en algún lugar muy profundo hay aún tanto que no ha liberado: tanto aún por hacer, tanto para exponer, tanto para maximizar.

Vive la vida con toda tu fuerza, da todo lo que tienes. Hazlo hasta que no quede nada para hacer debido a que te has convertido en todo para lo cual fuiste creado, hecho todo para lo cual fuiste diseñado para hacer y dado todo para lo cual fuiste enviado a dar. No te contentes con menos que lo mejor de ti. Cuanto llegue a tus manos para hacer, hazlo con todas tus fuerzas para el Señor.

Introducción

Una de las tragedias más grandes en la vida es ver morir el potencial sin haberse utilizado. Una tragedia mayor es ver el potencial vivo sin liberarse. Qué triste es saber que la mayoría de las personas en este planeta nunca descubrirán quiénes son en realidad, mientras que otros se conformarán con solo una porción de su verdadero ser. Sólo unos pocos selectos tomarán la seria decisión de maximizar cada fibra de sus vidas al usar de forma completa los dones, talentos, habilidades y capacidades. A esto llamamos *vivir al máximo*. Cada uno de nosotros tiene la oportunidad de perseguir el hecho de vivir al máximo. La pregunta es: ¿elegiremos ejercitar esa opción?

Vivir al máximo nos desafía a todos, debido a que hay mucho de nuestro ambiente que no conduce a esta búsqueda. En cada sociedad existen tradiciones, normas, expectativas sociales, costumbres y sistemas de valores que impactan, dan forma, moldean, suprimen, controlan y, en algunos casos, oprimen los dones, talentos y capacidades naturales y potencial de sus miembros. Este proceso comienza incluso desde el principio de la vida. Aun un niño recién nacido recibe mensajes sutiles de las expectativas de la comunidad por parte de los padres, hermanos y otros miembros de la familia que, en muchos casos, reprimen y limitan el potencial asombroso del niño.

El potencial grita para liberarse en el alma de cada ser humano que entra en este planeta. Cada persona es el arca de un tesoro viviente. Cada persona llega como un producto completamente nuevo de un fabricante, equipado para realizar y cumplir todas las demandas que el Creador depositó sobre él. Esta es la razón por la cual el instinto natural de soñar es tan general en los niños.

Los sueños son manifestaciones visuales de las semillas del destino que el Creador plantó en el espíritu y en el alma de cada ser humano.

La abundancia de ideas e imaginación en la juventud son una clara evidencia de que somos creados con la capacidad y habilidad de concebir visiones y aspiraciones que se extienden más allá de nuestra realidad presente. Es posible que Jesús, el hombre más maximizado que jamás haya vivido, se haya referido a esta habilidad inherente de explorar lo imposible para las posibilidades cuando afirmó: "... *les aseguro que a menos que ustedes cambien y se vuelvan como niños, no entrarán en el reino de los cielos*" (Mateo 18:3).

Este mandamiento simple pero profundo contiene un principio que captura el espíritu de maximizarse a sí mismo. Implica que el adulto promedio, a través del proceso de crecimiento y desarrollo, ha perdido la naturaleza de un niño, la cual es de espíritu libre, mente abierta, curiosa, exploradora, audaz, creyente y desinhibida. Indica que la habilidad de soñar y explorar posibilidades disminuye en el curso del crecimiento hacia la adultez. También comunica el corazón y el deseo de Dios nuestro Creador de que la capacidad de soñar en grande y atreverse a intentar lo que aparentemente es imposible, sea restaurada en todos los hombres y mantenida a través de toda su vida.

Tal como se afirmó anteriormente, la mayoría de nuestro entorno social y cultural trabaja en contra de nuestros sueños y minimiza la magnitud y el alcance de la visión en nuestros corazones. Estamos entrenados en el ámbito mental y espiritual para temer a nuestros sueños y dudar acerca de nuestro destino. Nos desanimamos al creer que nuestra pasión por la grandeza es algo anormal y que nuestras aspiraciones son sospechosas. El resultado de este proceso que va "contra el desarrollo" es que la mayoría de la población de la Tierra vive bajo el hechizo y el poder debilitante de un espectro llamado "temor".

El temor es la fuente del noventa y nueve por ciento de la falta de progreso y desarrollo personal en las vidas de millones de personas dotadas, talentosas e ingeniosas. Muchos expertos en el campo del comportamiento humano han afirmado que el temor al fracaso y el temor al éxito son los dos temores más poderosos y más predominantes experimentados por la familia humana. El gran político, el rey Salomón, lo declara de esta forma:

Temer a los hombres resulta una trampa [trampa de restricción], *pero el que confía en el Señor* [en la valoración de su Creador] *sale bien librado.*
—PROVERBIOS 29:25, ÉNFASIS AÑADIDO

En otras palabras, cuando creemos en las opiniones de los hombres y en su valoración de nuestra capacidad, estas percepciones y opiniones nos encierran y finalmente se convierten en una trampa que bloquea y limita la maximización de nuestro verdadero potencial.

Se informa que la consejera de un periódico, Ann Landers, recibe un promedio de 10.000 cartas por mes. Casi todas estas cartas son de personas que están enterradas en problemas. Cuando a Landers se le preguntó si había un tipo de problema predominante en esas cartas, respondió que el temor estaba por encima de todos los otros. Las personas temen perder su salud y a sus seres amados. Muchos hombres y mujeres potencialmente grandes temen a la vida en sí misma. Jamás intentan sus sueños debido a que temen el fracaso. Otros fracasan al esforzarse por sus aspiraciones debido a que le temen al éxito, a la responsabilidad y a la obligación de rendir cuentas que vienen con cualquier medida de éxito.

Por lo tanto, el potencial que está atrapado dentro de muchas minas humanas está sofocado, enterrado, reprimido y perdido para el mundo. La mayoría de las personas vive a un rendimiento mínimo, y desea hacer sólo lo necesario para sobrevivir. Viven para subsistir, no para avanzar en la vida. Mantienen el *statu quo* en vez de elevar el nivel de vida. Hacen sólo lo que se requiere y se prevé.

Qué manera tan triste y depresiva de vivir. Te desafío a que te apartes de la multitud de aquellos que sobreviven y te unas a los pocos que están comprometidos a alcanzar todo su potencial al esforzarse en maximizar sus capacidades. Después de todo, ¿quién otro puede vivir tu vida sino tú? ¿Quién te puede representar de forma completa sino tú? Te exhorto a que desentierres tu ser y compartas tu tesoro con el mundo.

Hace algunos años me invitaron a la hermosa nación del Brasil para dirigir una conferencia de liderazgo. Durante mi estadía allí, mi anfitrión me llevó a visitar un pequeño pueblo que se hizo famoso debido a un escultor que había perdido ambas manos, producto de la enfermedad de la lepra. En su condición de hombre joven acongojado con esta horrible enfermedad, se sentaba por varias horas y observaba a su padre trabajar en su tienda de esculturas de madera. Un día, el joven decidió entrenarse a sí mismo para tallar y esculpir madera con sus pies y las partes de los brazos que no había perdido debido a la lepra.

El espíritu resistente de este joven liberó su potencial no utilizado, y su trabajo evidenció que atrapado dentro de esta incapacidad había uno de los más grandes artistas que el mundo jamás haya conocido. Me quedé de pie, sorprendido y descreído mientras veía algunas de las imponentes obras de madera, instaladas en las iglesias más hermosas de esa ciudad. También visitamos la ilustración de los profetas más importantes del Antiguo Testamento; doce esculturas de tamaño real que están expuestas como uno de los tesoros nacionales más admirados del Brasil.

Las lágrimas llenaron mis ojos cuando me contaron la historia de este gran escultor sin manos. No podía hacer otra cosa sino pensar en los millones de personas que tienen ambas manos, brazos y pies en perfectas condiciones de funcionamiento, pero que fracasan en legar algo a su generación. El escultor es evidencia y testimonio de que enterrado dentro de nosotros, hay un potencial que se puede maximizar si estamos deseosos de ir más allá de nuestros temores, de vencer las barreras del prejuicio y desafiar a los que son negativos. No existe impedimento, excepto el de nuestra propia mente. No hay límite para nuestro potencial, excepto aquel autoimpuesto.

Jesucristo, el espécimen de la humanidad que mejor demostró la naturaleza ilimitada del potencial de la humanidad, dijo: "*Para el que cree, todo es posible*" (Marcos 9:23b). Qué espíritu valiente enciende esta afirmación. Nos hace cuestionar nuestras propias limitaciones y disentir con nuestros temores.

Es un hecho conocido que cada fabricante diseña su producto para cumplir con un propósito específico, y lo equipa con los componentes necesarios y con la capacidad de funcionar de acuerdo con ese propósito; por lo tanto, el potencial de un producto lo determina y establece el propósito para el cual el fabricante lo hizo. Este mismo principio es inherente a lo largo de la creación. El Creador y Diseñador supremo estableció su propósito para cada detalle de la creación y edificó en cada uno la capacidad o potencial de realizar y cumplir con ese propósito o tarea. Por ejemplo, el propósito de las semillas es producir plantas, por lo tanto, por diseño, todas las semillas poseen la habilidad y potencial de producir plantas. Esta capacidad para reproducirse no garantiza, sin embargo, que la semilla producirá una planta. Esta es la tragedia de la naturaleza. La destrucción de una semilla es, en esencia, la extinción de un bosque.

Este principio puede aplicarse a todos los seres creados por Dios. Por ejemplo, tu vida es el resultado de un propósito en la mente de Dios que requiere tu existencia. Fuiste creado porque hay algo que Dios quiere que sea hecho y que demanda tu presencia en este planeta. Fuiste diseñado y enviado para un destino. Este destino y propósito también es la clave de tu capacidad. Fuiste creado con las capacidades inherentes, talentos, dones e inclinaciones para cumplir este propósito. Así como un pájaro está diseñado para volar, un pez para nadar y un manzano para llevar fruto, también tú posees el potencial para ser todo para lo cual naciste. Tu vida tiene el potencial para cumplir el propósito.

Tú, así como cualquier otra persona posees la responsabilidad de este tesoro impresionante enterrado dentro de ti, pero este tesoro dentro de ti puede liberarse por completo sólo si deseas creer y aceptar el sueño de Dios para tu vida. Si deseas rendirte a su voluntad y propósito para tu destino y cooperar con sus condiciones, nada será imposible para ti.

Determínate a no sentirte satisfecho con nada menos que todo el cumplimiento de tu sueño. Ríndete a las demandas que maximizan el potencial, para que nada de tu tarea quede sin haberse hecho cuando te vayas de este planeta. La responsabilidad de usar lo que Dios ha guardado en ti es solo tuya.

Muchas personas son conscientes de su capacidad y potencial, pero se han frustrado y desilusionado tanto por los fracasos pasados como por la influencia negativa de otros. Han elegido limitar o refrenar el don maravilloso que el Creador ha depositado en ellos. Por lo tanto, te urjo firmemente a que te levantes de tus temores temporales, te sacudas y des un paso hacia afuera del camino para convertirte en tu verdadero ser.

El hombre es como una cebolla. Su potencial se expone por capa, hasta que todos conozcan todo lo que es.

Capítulo 1

¿Por qué maximizar?

Nada es más irritante, produce más
culpa y es más acusador que un libro sin
terminar; vive hasta el último capítulo.

E ran las cuatro de una mañana fría y húmeda de invierno. La nieve se había vuelto pasta, el viento soplaba con venganza y todo el día parecía destinado a ser una fuente de depresión. El pueblito parecía estar drogado cuando los granjeros, almaceneros y barrenderos avanzaban lentamente hacia sus lugares de trabajo. De repente, un niño de unos 12 años apareció en la vereda aclimatada por el tiempo y empedrada, saltando mientras sujetaba con fuerza el estuche de un viejo violonchelo. La sonrisa y pasos largos revelaban su ansiedad y anticipación para alcanzar su destino deseado.

El nombre del niño era Pablo Casals. Su interés y compromiso con la música a una edad tan temprana inspiró, incluso, a su maestro, y probó ser la semilla del destino para uno de los violonchelistas más grandes del mundo. A lo largo de los años, su trabajo, logros y realizaciones han sido testimonios de grandeza que son dignos de imitación. Millones han disfrutado de sus actuaciones en vivo; la historia siempre guardará un lugar para su trabajo inefable.

No obstante, después de una vida de logros distinguidos, Pablo Casals, a los 85 años, continuó levantándose temprano y pasaba la mayor parte del día en la práctica del violonchelo. Cuando durante una entrevista le preguntaron por qué practicaba cinco horas al día, Casals respondió: "Porque creo que estoy mejor".

Las mentes y almas grandes siempre saben que lo que han hecho nunca debe confundirse con lo que aún pueden hacer, nunca se conforman con un gran trabajo. De hecho, el concepto de jubilación es un gran mito que atrapa el potencial no explotado que se encuentra enterrado en millones de personas talentosas, dotadas y valiosas. Este concepto occidental ha causado que muchos hombres y mujeres grandes se conformen con el promedio y que sucumban ante la mediocridad de los modelos de éxito socialmente aceptados. Por favor, nota, sin embargo, que todas las personas a lo largo de la Historia que han dejado sus huellas en la arena del destino, fueron llevadas por una pasión mayor que el deseo de comodidad personal.

Pablo Casals nos recuerda el carácter monumental de hombres y mujeres tales como Abraham, el patriarca bíblico, quien a los 70 años de edad, sin hijos y frustrado, casado con una mujer estéril, y al estar, junto a su esposa, más allá del límite biológico para concebir un hijo, aceptó la visión de un bebé destinado a cambiar el mundo y creyó que eso ocurriría. Abraham vio el fruto de su fe cuando tuvo 100 años.

Moisés, a edad mediana, cambió su carrera de pastor de ovejas fugitivo, por la de un libertador y líder nacional de más de tres millones de personas. A la edad de 120 los había guiado con seguridad al borde de su destino. David, el gran rey de Israel, trabajó en el ocaso de sus muchos años de liderazgo excelente para hacer planes para la construcción de un imponente templo para adoración, que finalmente fue construido por su hijo Salomón. Pablo, el apóstol inigualable de la Iglesia, después de muchos años de adversidades tremendas, escribió una breve descripción de sus desafíos en una carta a la iglesia de Corinto. Él manifestó:

He trabajado más arduamente, he sido encarcelado más veces, he recibido los azotes más severos, he estado en peligro de muerte repetidas veces. Cinco veces recibí de los judíos los treinta y nueve azotes. Tres veces me golpearon con varas, una vez me apedrearon, tres veces naufragué, y pasé un día y una noche como náufrago en alta mar. Mi vida ha sido un continuo ir y venir de un sitio a otro; en peligros de ríos, peligros de bandidos, peligros de parte de mis compatriotas, peligros a manos de los gentiles, peligros en la ciudad, peligros en el campo, peligros en el mar

y peligros de parte de falsos hermanos. He pasado muchos trabajos y
fatigas, y muchas veces me he quedado sin dormir; he sufrido hambre y
sed, y muchas veces me he quedado en ayunas; he sufrido frío y desnudez.
—2 CORINTIOS 11:23B-27

Luego, este gran líder exclamó: "*¿Cuando alguien se siente débil, no*
comparto yo su debilidad?" (2 Corintios 11:29a).

El retiro nunca fue un concepto en la mente de estas personas
que cambiaron el mundo. De hecho, mientras Pablo pasaba sus días
finales en prisión bajo arresto domiciliario por orden del gobernador
de Roma, se rehusó a retirarse o sucumbir ante las restricciones físicas
y sociales de su edad, la reclusión y las amenazas. En cambio, pasó
el resto de sus días escribiendo documentos históricos hermosos y
transformadores que constituyen tres cuartos del Nuevo Testamento
y que forman la base de la mayor parte de la doctrina de la Iglesia
cristiana actual.

....

El retiro es un concepto que jamás está en la mente
de las personas que trasforman el mundo.

....

Al igual que Pablo Casals, el apóstol Pablo creyó que no importaba
lo que había hecho, logrado, alcanzado o experimentado en el pasado,
siempre quedaba mucho más en el interior para desarrollar, liberar y
expresar. Ambos creían que el enemigo de lo "mejor" es lo "excelente", y el sepulcro de lo extraordinario es lo ordinario.

LA VIDA NO ES SINO UNA COPA PARA BEBER

La percepción de Pablo con respecto a la vida y la responsabilidad
de cada uno de nosotros de maximizar la vida a su completo potencial,
se expresa en la carta final a Timoteo. A su joven estudiante favorito
le escribió:

Yo, por mi parte, ya estoy a punto de ser ofrecido como un sacrificio, y el
tiempo de mi partida ha llegado. He peleado la buena batalla, he termi-
nado la carrera, me he mantenido en la fe.

—2 TIMOTEO 4:6-7

Pablo comparaba su vida con la ceremonia del sacrificio admi-
nistrada por el sacerdote en los rituales del templo del Antiguo Testamento, en los cuales el sacerdote llenaba una copa con vino y con gran
ceremonia la derramaba por intervalos durante la reunión, hasta que
la copa quedaba totalmente vacía. Al usar este ejemplo, Pablo nos da
una ilustración muy efectiva de cómo deberíamos vivir nuestras vidas.

Tu vida es como una copa para beber que nuestro gran Creador sirve al mundo. La bebida son los dones y talentos de potencial
enterrados dentro de ti que son asombrosos, que están sin utilizar,
que son valiosos y que son como un tesoro lleno de destino. Cada
minuto, día, mes y año es un intervalo de oportunidad provisto por
Dios para el derramamiento de otra porción de ti, hasta que hayas
expuesto todo el precioso tesoro dado por Él que te hace único. Esto
se llama *vivir al máximo*.

El verdadero éxito no es un proyecto sino un viaje. El espíritu de
realización es guiado por la noción de que el éxito es un plan de pago,
sobre el cual realizamos pagos diarios hasta que nos maximizamos.
Este éxito comienza cuando comprendemos y aceptamos que la vida
es un proceso de crecimiento y desarrollo. Por lo tanto, la vida está
diseñada para ser una educación que no tiene fin, un viaje de descubrimiento y aventura, una exploración de nuestro potencial dado por
Dios para su gloria.

EL MÁXIMO DE LA MEDIOCRIDAD

¿Qué es lo que significa maximizar? ¿Qué es el máximo? La palabra *máximo* puede definirse como "supremo, mayor, más alto y pos-
tremo". Es sinónimo de conceptos tales como pináculo, preeminencia,
culminación, apogeo, pico y cúspide; implica el mayor grado posible.

Apenas una breve mirada a estos conceptos de forma inmediata, nos declara culpables de las muchas oportunidades en las que hemos abusado y perdido el derecho, porque hemos fallado o nos hemos rehusado a dar nuestro todo.

Esta falla en hacer lo mejor, en ir más allá de las expectativas de otros, en expresarnos a nosotros mismos de forma plena, en vivir hasta nuestro verdadero potencial, en extendernos hasta el límite de nuestra capacidad, en dar todo lo que tenemos, en satisfacer nuestra propia convicción se llama *mediocridad*. Para expresarlo de forma sencilla, la *mediocridad* es vivir debajo de nuestro potencial conocido y verdadero. Es aceptar la norma, complacer el orden establecido y hacer lo que se puede para subsistir. Por lo tanto, maximizar es expresar, exponer, experimentar y ejecutar todas las habilidades, talentos, dones y potencial escondidos y dados por Dios a través de la visión que Dios infundió en nuestra alma para llevar a cabo su propósito para nuestras vidas en la Tierra.

....

La mediocridad es vivir debajo de nuestro
potencial conocido y verdadero.

....

Qué trágico que la mayoría de las casi seis mil millones de personas que habitan este planeta se conformarán con una vida promedio limitada, sólo por la falta de deseo de extenderse a sí mimos hacia la cúspide de sus propias vidas. Cualquier cosa menor que el máximo es mediocridad. En otras palabras, *mediocridad* puede definirse como la región de nuestras vidas que limita hacia el norte con el compromiso, hacia el sur con la indecisión, hacia el este con el pensamiento antiguo y hacia el oeste con la falta de visión. La mediocridad es el espíritu de promedio, el himno de la norma y el latido de lo ordinario. La mediocridad es tan común y penetrante que aquellos que están etiquetados como genios o excepcionales sólo tienen que hacer un poquito más.

Recuerda, fuimos creados para estar por encima del promedio, para ser anormales y extraordinarios. Dios nunca pretendió que el éxito en nuestra vida se midiera por la opinión de otros o por los parámetros establecidos por la sociedad en la cual vivimos. De hecho, La Escritura nos instruye al respecto: *"No se amolden al mundo actual, sino sean transformados mediante la renovación de su mente"* (Romanos 12:2a). Para maximizar nuestras vidas, será necesario declarar la independencia del mundo de la norma y resistir la gravedad del promedio, para disfrutar de los límites exteriores de las nuevas fronteras de nuestras capacidades. ¿Por qué, entonces, muchos de nosotros nos conformamos con la mediocridad? La respuesta se encuentra en lo que llamo la maldición de la comparación.

LA MALDICIÓN DE LA COMPARACIÓN

Hace algunos años me invitaron a hablar a una serie de seminarios en Alemania por un período de tres meses. Viví con una familia maravillosa, quienes nos hospedaron a mi esposa y a mí. Durante ese tiempo pude experimentar el rico legado y cultura de Alemania. Entre los muchos recuerdos maravillosos que tengo, hay una lección que aprendí acerca del principio de maximización. Sucedió durante mi primera experiencia personal con el *autobahn* (autopista).

El *autobahn* es una red de carreteras, sin límite de velocidad, que entrecruza Alemania y muchos otros países vecinos. Un día, mientras viajábamos desde una ciudad en el norte de Alemania hacia el sur, el dueño de casa me preguntó si me gustaría experimentar el conducir sin un límite de velocidad. Esto lo sentí como un sueño hecho realidad, entonces, después de llenar el tanque con combustible, tomé el asiento del conductor y entré a la autopista.

Al principio estaba emocionado, estimulado y ansioso mientras sentía la adrenalina correr a través de todo mi cuerpo. El sentimiento de tener la responsabilidad del poder sin límites externos impuestos, también trajo otras emociones mezcladas, incluida la confusión temporal. Todo lo que había aprendido en el pasado con respecto a los límites de velocidad, el temor a la violación y las restricciones impuestas por la ley tal como las conocía, comenzaron a luchar contra la libertad recientemente adquirida. Básicamente, la posibilidad de usar el máximo poder fue desafiada por el conocimiento adquirido de la limitación. Estaba atrapado por el condicionamiento del pasado e impedido por el temor de las posibilidades ilimitadas.

Cuando la presión de mi pie aceleró el motor, di una mirada al velocímetro y noté que marcaba 130 km/h. Al ser un conductor experimentado por más de 25 años, debo confesar que antes había conducido a más de 130 km/h e incluso coqueteado con 145 km/h en una ocasión. Ahora, aquí estaba con una invitación abierta par maximizar la capacidad del vehículo. Mientras otros autos me pasaban a gran velocidad con la facilidad de un avión, observé que el velocímetro pasaba los 130 km/h. El dueño de casa me sonrió y preguntó: "¿De qué tienes miedo? Aún estamos quietos".

Como no quería sentirme intimidado por esta oportunidad, apreté el pedal más allá y sentí la emoción de un auto que viajaba a 185 km/h. Las palabras no pueden describir el poder y el orgullo extraordinario que sentí al controlar la velocidad y dirección de tal capacidad. Comenzaba a sentirme orgulloso de mí mismo mientras pasábamos a través de las montañas y el frondoso follaje verde de la Selva Negra. Estaba en la cima del mundo. ¿Quién me atraparía ahora? Había llegado. Era el rey de la carretera, el señor de la autopista.

Este sentimiento de supremacía se acentuaba más cada vez que pasaba a otro vehículo. De hecho, me oí a mí mismo decir, cada vez que pasaba a otro auto: "¿Por qué no se detiene a un lado, estaciona y deja a un verdadero conductor por completo?". Ahí estaba, había logrado lo supremo. Había establecido un récord para mí. Había pasado a todos los demás. Era el mejor.

De repente, después de conducir por aproximadamente veinte minutos, un Mercedes Benz, que parecía no haber salido de ningún lugar, me pasó a 240km/h. De manera instantánea, me sentí detenido. El dueño de casa se volvió a mí y me dijo, con una sonrisa entre dientes:

"Te das cuenta, entonces, de que no viajas tan rápido como puedes, sino tan rápido como deseas.

Mientras las palabras se alojaban en mi mente, con rapidez comencé a comprender la maldición de la comparación y las limitaciones del orgullo de uno mismo. A partir de esta experiencia, aprendí tres lecciones que se han convertido en los fundamentos de mis pensamientos con respecto al éxito y al vivir de manera efectiva.

1. El principio de la capacidad

La verdadera capacidad de un producto no la determina el usuario, sino el fabricante. El automóvil se construyó con la capacidad de viajar a 290 km/h; por lo tanto, el verdadero potencial lo determinó el fabricante. Al verdadero potencial del vehículo no le afectaba mi opinión con respecto a la capacidad de éste o mi experiencia previa al conducir. Usara o no usara toda la capacidad del motor del vehículo, esto no reducía la capacidad potencial.

El mismo principio se aplica a tu vida. Dios te creó como a cualquier otra persona, con la capacidad de cumplir tu propósito. Por lo tanto, la verdadera capacidad no se limita, reduce o altera debido a la opinión de otros o a tu experiencia previa. Tienes la capacidad de lograr la aptitud completa que el Creador te dio para cumplir su propósito para la vida. Por lo tanto, la clave para maximizar todo el potencial es descubrir el propósito o razón para tu vida y comprometerte en el cumplimiento de esto a cualquier precio.

La verdadera capacidad no se limita, reduce o altera debido a la opinión de otros o a tu experiencia previa.

El apóstol Pablo, en una carta a la iglesia de Corinto, habló acerca de la sabiduría secreta escondida de nuestro destino que Dios, nuestro Creador, ha invertido en cada uno de nosotros.

Más bien, exponemos el misterio de la sabiduría de Dios, una sabiduría que ha estado escondida y que Dios había destinado para nuestra gloria desde la eternidad. Ninguno de los gobernantes de este mundo la entendió, porque de haberla entendido no habrían crucificado al Señor de la gloria. Sin embargo, como está escrito: «Ningún ojo ha visto, ningún oído ha escuchado, ninguna mente humana ha concebido lo que Dios ha preparado para quienes lo aman».

—1 Corintios 2:7-9

El versículo 9 implica que ningún ser humano tiene el derecho o la capacidad para determinar o medir de forma completa la capacidad del potencial que posee.

2. El principio de la comparación

Uno de los errores más significativos que cometemos los seres humanos es el de comparación, el medirse a uno mismo con los parámetros, trabajo o logros de otro. Este ejercicio es infructuoso, degradante y personalmente trágico, porque coloca nuestro verdadero potencial a merced de otros, a quienes se les otorga el derecho de determinar y definir nuestro éxito.

Mientras conducía en la autopista, estaba en una posición de mucho éxito y logro si me comparaba con los conductores a los que dejaba atrás. Sin embargo, a pesar de que lideraba a los otros, aún no funcionaba al máximo potencial de *mi auto*. La verdadera capacidad del auto era de 290 km/h, y yo viajaba a 185 km/h. Cuando comparé el desempeño del auto con todos los otros, yo lideraba el pelotón; podrían haberme considerado un éxito ante sus ojos porque viajaba más rápido que todos ellos. Cuando comparé el desempeño del vehículo con la verdadera capacidad de éste, no obstante, no era verdaderamente exitoso, debido a que viajaba debajo de la velocidad máxima que el fabricante le había adjudicado al auto.

La lección aquí, es que el verdadero éxito no se mide en términos de cuánto has hecho o logrado comparado con lo que los otros han hecho o logrado. El verdadero éxito es lo que has hecho comparado con lo que podrías haber hecho. En otras palabras, vivir al máximo es competir contigo mismo. Es vivir a la altura de tus verdaderos niveles y capacidades. El éxito es satisfacer tu pasión personal y propósito en búsqueda de la excelencia personal. De hecho, siempre debes recordar que debes actuar para una audiencia de una sola persona, el Señor, tu Creador.

El verdadero éxito es lo que has hecho comparado con lo que podrías haber hecho.

Aplicar de manera consciente este principio en la vida, puede hacer mucho para liberarnos de la cultura y el ambiente paralizantes de nuestra sociedad, la cual lucha por controlarnos a través de la comparación. Desde los años tempranos de la niñez, nos comparan con hermanas y hermanos, los hijos del vecino o alguna otra persona. Este espíritu comparativo continúa durante la adolescencia y la adultez, y desarrolla un estado de competición deshumanizadamente sofisticado. El resultado es traumático porque invertimos la mayor parte de la vida en competir con otros, comparar los logros con aquellos de nuestros pares e intentar estar a la altura de sus requisitos de aceptación. En vez de ser nosotros mismos, nos preocupamos con ser lo que otros dictaminan que deberíamos ser.

Si sucumbimos ante esta tentación, se nos recordará, así como el Mercedes Benz me recordó mi mediocridad, que siempre habrá personas a quienes excedamos y otras que nos aventajen. Si competimos con nosotros mismos y no con otros, entonces no importa quién está detrás o delante de nosotros; el objetivo es lograr ser y hacer todo aquello de lo que somos capaces, y esto se convierte en la medida de nuestra satisfacción.

Pablo, el gran líder de la Iglesia, comentó acerca de este tema álgido:

No nos atrevemos a igualarnos ni a compararnos con algunos que tanto se recomiendan a sí mismos. Al medirse con su propia medida y compararse unos con otros, no saben lo que hacen. Nosotros, por nuestra parte, no vamos a jactarnos más de lo debido. Nos limitaremos al campo que Dios nos ha asignado según su medida...

—2 Corintios 10:12-13

A sus amigos en Galacia, Pablo más adelante les reitera este principio, al declarar:

Si alguien cree ser algo, cuando en realidad no es nada, se engaña a sí mismo. Cada cual examine su propia conducta; y si tiene algo de qué presumir, que no se compare con nadie. Que cada uno cargue con su propia responsabilidad.

—Gálatas 6:3-5

Estas afirmaciones nos amonestan de manera muy fuerte para no competir con otros o comparar los talentos con las capacidades o potencial de otros, ya que somos responsables sólo por nuestro potencial, y no el de ellos. La historia de los siervos con los talentos confirma de forma clara esta responsabilidad personal (ver Mateo 25:14-30). Por lo tanto, nuestro objetivo principal en la vida debería ser descubrir la voluntad y el propósito de Dios para nuestra vida y completar la tarea con excelencia.

3. El principio de la experiencia

Experiencia puede definirse como "la observación de hechos como una fuente de conocimiento y habilidad adquiridos por contacto con hechos y eventos". En su verdadera naturaleza, la experiencia es un producto del pasado y está, por lo tanto, limitada y controlada por la exposición previa. A pesar del hecho de que la experiencia podría ser valiosa para tomar decisiones y juicios concernientes al futuro, es importante saber que cualquier medida significativa de crecimiento, desarrollo, expansión o avance requerirá experiencia para someterse a la sustancia de lo desconocido a través de la fe.

Desafortunadamente, la experiencia ha forzado a muchas personas prometedoras a refugiarse temorosas en las sombras del temor y del fracaso, porque no deseaban aventurarse en las fronteras desconocidas de las nuevas posibilidades. La experiencia no se nos dio para determinar los límites de la vida, sino para crear una vida mejor para nosotros. ¡La experiencia es una herramienta para usarse!

Mi experiencia al conducir, con el paso de los años, me ha condicionado para conducir un vehículo monitoreado por los límites de velocidad establecidos por la sociedad. Por lo tanto, mi capacidad para conducir se ha convertido en objeto de las normas aceptadas de 70-95 km/h. El hecho de que haya conducido los autos entre 70 y 95 km/h durante veinticinco años, no cancela la capacidad del automóvil para viajar a 160 ó 290 km/h. *Básicamente, la experiencia no cancela la capacidad.* Por consiguiente, la capacidad de mi auto no es determinada por el uso que yo le dé, sino por la capacidad con la que el fabricante construyó el auto.

La experiencia no cancela la capacidad.

Esto también es cierto en nuestra vida. En algún punto de ella, somos la suma total de todas las decisiones que hemos tomado, las personas que hemos conocido, la exposición que hemos tenido y los hechos que hemos aprendido. En esencia, cada ser humano es un libro de historia ambulante. No obstante, debemos tener en cuenta que nuestra historia personal se hace y se registra todos los días, y que nuestra experiencia pasada fue una vez nuestro futuro. Por lo tanto, debemos ser cuidadosos de no permitir que el pasado determine la calidad del futuro. En cambio, debemos usar la experiencia para ayudarnos a tomar decisiones mejores y protegernos siempre de la posibilidad de que esto limite nuestras decisiones. *Recuerda, la capacidad nunca está limitada por la experiencia.*

Este mundo está lleno de personas que son capaces de viajar a una velocidad máxima de 290 km/h, pero se han conformado con 90 km/h. Debido a que se han adelantado a algunos o han excedido las expectativas de otros, han comparado su vida con la de estas personas y han aceptado la mediocridad como excelencia.

Determínate a no permitir que la experiencia pasada limite tu capacidad. Sé agradecido por las lecciones del pasado, luego acelera con confianza en la autopista de la vida, y ten cuidado en obedecer sólo a aquellas señales que tu Creador ha establecido, quien te amonesta *"Para el que cree, todo es posible"* (Marcos 9:23b).

INSATISFACCIÓN CON UNA FRACCIÓN

Una de las grandes tragedias de la vida, es que la mayor parte de la población mundial se compone de individuos que han negociado un acuerdo con la mediocridad, firmado un contrato con el promedio y jurado lealtad a lo ordinario. Han resuelto nunca ser más de lo que la sociedad ha hecho de ellos ni hacer más de lo que se espera. Qué tragedia del destino. ¡Dios espera más!

Dentro de cada ser humano hay un llamado profundo del destino para hacer algo que valga la pena con nuestra vida. La urgencia para llevar a cabo grandes cosas y comprometerse en misiones significativas es el germen del propósito plantado por Dios en el corazón del hombre. ¿Por qué entonces nos conformamos con tan poco? ¿Por qué abandonamos los sueños y negamos el propósito? ¿Por qué vivimos debajo del privilegio, enterrados en el cementerio del pensamiento deseoso y los remordimientos vacíos?

Como hemos visto, una razón por la cual fallamos al cumplir con el propósito es la satisfacción que tenemos con la medida actual de éxito. La creencia de que hemos llegado es el elemento disuasivo que nos obstaculiza llegar a destino. Una segunda parte de la respuesta yace en el hecho de que hemos aceptado el estado presente de la vida como lo mejor que podemos hacer bajo las circunstancias.

Este concepto, "bajo las circunstancias", sirve para recluirnos e inmovilizarnos ante la ambición que Dios nos ha dado, porque demasiados de nosotros nos hemos rendido al *statu quo* y nos hemos convertido en prisioneros en la guerra por nuestra mente. Olvidamos que las "circunstancias" son sencillamente acuerdos temporales de vida a los cuales todos estamos expuestos. Pasamos por alto o hacemos caso omiso al hecho de que estas circunstancias están diseñadas para identificar, exponer, desarrollar, refinar y maximizar nuestro verdadero potencial. Lo que importa no es lo que nos sucede, sino lo que hacemos con lo que acontece. La mayor parte del tiempo no somos responsables de las circunstancias, pero siempre somos responsables de nuestra respuesta en esas circunstancias. *Una clave para maximizar el potencial es estar insatisfecho con las circunstancias que restringen, limitan y asfixian tu potencial.*

Muchas personas saben que poseen un gran potencial, que tienen un propósito significativo en la vida, pero aún les falta moverse más allá de las buenas intenciones para experimentar la plenitud de la vida. ¿Por qué? La comodidad es mayor que la pasión. Están más preocupados por encajar que por sobresalir.

Recuerda, *nunca cambiará algo que deseas tolerar*. El Creador quiere que de manera consciente elijas cumplir el propósito y maximizar el potencial, porque al hacerlo llevarás gloria a su nombre. Desafortunadamente, la Historia da evidencia de sólo un número reducido de personas poco comunes quienes, llevadas por una pasión por alcanzar una visión muy valorada en el corazón, iniciaron su propia liberación, se levantaron sobre la marea de la norma e impactaron su generación y la nuestra.

Una segunda clave significativa para maximizar el potencial son los beneficios modestos de las "crisis". Éstas, tal como el autor Dick Leider las definió, son una "señal de alarma" en la vida. Con frecuencia son los catalizadores que nos impulsan a ser completamente conscientes de la vida mediocre que tenemos.

Las crisis son las señales de alarma de la vida.

¿Cuántas historias has oído acerca de personas quienes, después de una señal cercana a la muerte o a una enfermedad, cambiaron de forma repentina el estilo de vida y la actitud frente a la vida? A menudo las prioridades y, a veces, todo el sistema de valores cambian. El registro bíblico da fe de la eficacia de una crisis para traer de regreso a las personas al camino. Al comenzar con Abraham y continuar con José, Moisés, David, Jonás, Pedro y, de forma más significativa, el apóstol Pablo, Dios usó la inserción de una crisis principal para liderar a estos héroes de fe, a ir más allá de la mediocridad de la vida hasta el máximo.

Recuerda, *no podemos convertirnos en aquello para lo cual nacimos si permanecemos tal cual estamos.* Así como la madre águila remueve la comodidad del nido cubierto de plumas para "molestar" a los aguiluchos para que vuelen, de igual manera el Creador nos lleva más allá de las zonas de comodidad para que estemos forzados a volar. Sin este movimiento, la mayoría de nosotros jamás volaría.

Un águila que no vuela no puede cumplir con su propósito. De la misma forma, tu vida carecerá de propósito y de foco hasta que descubras las alas.

Este descubrimiento requerirá tanto de sabiduría como de valentía, debido a que la emoción de volar siempre comienza con el temor de caer. Sin embargo, no te han dejado solo para que encuentres las alas porque Dios, a través del profeta Moisés, prometió encargarse de ti.

... como un águila que agita el nido y revolotea sobre sus polluelos, que despliega su plumaje y los lleva sobre sus alas. Sólo el Señor lo guiaba...
—Deuteronomio 32:11-12A

Él dará definición a las crisis de tu vida y te inspirará para que sigas adelante con todo lo que ha planeado para ti. Por cierto, el regalo más grande que Dios puede ofrecerte es empujarte hacia una crisis de incomodidad temporal que requiere que abras las alas. Este empuje hacia la crisis es el acto de amor supremo de Dios, semejante al de una madre águila que empuja a sus crías del nido para forzarlas a volar.

No seas una paloma si naciste para ser un águila.
Experimenta la altitud de Dios en tu vida.

PRINCIPIOS

1. Lo que has hecho no iguala la suma de lo que puedes hacer.

2. El éxito es un viaje de descubrimiento y aventura cuando exploras el potencial que Dios te dio.

3. La mediocridad acepta la norma, complace a la multitud y hace lo que puede para arreglárselas. El vivir al máximo empuja la norma, agrada a Dios y establece el patrón de la excelencia.

4. La capacidad de tu potencial no está determinada por lo que has hecho o por lo que otros piensan acerca de lo que has hecho.

5. El rendimiento o las opiniones de otros no pueden medir tu éxito.

6. La experiencia pasada no puede medir tu éxito futuro.

7. Las circunstancias y las crisis son las herramientas de Dios para llevarte a tu propósito y a la maximización de tu potencial.

Capítulo 2

Cómo convertirte en tu potencial

Lo que has hecho es sólo una mera
fracción de quién eres.

Lentamente el joven pudo pasar a través de la maleza y de los árboles jóvenes que habían crecido a través de los fundamentos agrietados de la casa desmoronada. Las telarañas llenaban las aberturas donde una vez habían estado las ventanas y los nidos de los avispones estaban adheridos a las vigas calcinadas del piso de arriba. Una escalera parcialmente quemada estaba suspendida en la esquina y una lámpara de aceite rota yacía quebrada en el primer escalón. Años de suciedad y escombros ensuciaban el piso, con una flor silvestre ocasional que proveía una nota discordante de encanto y calidez.

En la base de la escalera, el joven se detuvo. ¿Se atrevería a escalar los escalones hacia el piso principal de arriba? Dudaba que la madera podrida lo sostuviera, sin embargo, el deseo de ir más alto lo impulsó de forma precavida. Durante años había querido explorar esta coraza de la casa, pero su madre se lo había prohibido de forma estricta, recordándole que la puerta abandonada de la cerca que rodeaba la propiedad contenía un descolorido cartel de "No pasar" y le advirtió que no era seguro. Cuánto tiempo la casa había permanecido de esta forma, no lo sabía, porque dentro de su memoria siempre había permanecido así. Hoy nadie lo podía detener, porque hacía sólo unas pocas horas había comprado la tierra en la cual estaba la casa.

Moviéndose cuidadosamente desde un escalón hacia otro, probando cada uno antes de apoyar sobre éstos el peso completo, el joven de forma cautelosa trepó la escalera. Aquí y allá salteaba un escalón que lo amenazaba con ceder debajo de él. En la cima, hizo una pausa para inspeccionar los restos carbonizados que lo rodeaban.

Se quedó de pie al final de una sala larga que parecía haber sido una vez una cocina. Cerámica rota y metal retorcido ensuciaban el suelo. Un candelero arqueado yacía en el borde de lo que debió haber sido la mesa de la familia. Aquí y allá escombros de material se agitaban con la brisa que soplaba a través de las ventanas sin vidrios. Se había perdido una visión completa de la habitación, y se abría hacia una habitación más allá. A pesar de que se preguntaba qué era lo que esa habitación revelaría, una pisada en esa dirección pronto hizo cambiar de idea al explorador, porque el pie atravesó el piso. Un haz de luz que venía de la habitación más lejana sugería que quedaba poco de esa parte de la casa.

Cuando se volvió hacia la izquierda, el joven descubrió un pasillo largo con una abertura hacia el otro lado. Aquí el piso crujía debajo de sus pies, pero no sucumbió. La abertura hacia la izquierda revelaba una habitación dominada por una chimenea hecha de piedra. Partes de ésta se habían caído en la reja oxidada y cubierta de hollín, y la mugre en el centro advertía que muchos pájaros habían construido los nidos dentro del refugio de la chimenea. El único mobiliario en la habitación era lo que quedaba de una mesita desmoronada.

La abertura hacia la derecha, más allá del vestíbulo, mostraba una pequeña sala de estar con los cascos del mobiliario putrefactos apoyados contra dos paredes. Franjas de papel de empapelar ennegrecido colgaban del cielo raso, pero las paredes no tenían huecos como las otras dos salas. Cuando una rata se escabulló a toda prisa por el piso a través de la alfombra de hojas que se habían volado a través de las ventanas rotas, el joven rápidamente inició la retirada. De repente, un débil rayo de luz al final del vestíbulo atrajo su atención.

Con movimientos cuidadosos a través de las tablas rotas del piso, el explorador avanzó hacia la señal de la luz. Cuando se acercaba a la pared ennegrecida, se dio cuenta de que una puerta cerrada estaba al final del vestíbulo. El picaporte giró, pero las bisagras oxidadas le impidieron abrir la puerta. A pesar de que empujaba con toda su fuerza, la puerta no se rendía. Decepcionado, el joven volvió sobre sus pasos a través de la cocina, de las escaleras desvencijadas y a través del sótano desordenado. Cuando estaba por subirse al auto, le vino un pensamiento: *"Esa señal de luz debe significar una ventana abierta o un hueco en la pared. Quizás podría ver dentro de la pared desde la parte de atrás de la casa"*.

Después de mucho esfuerzo, el explorador se paró en la parte de atrás de la casa, tras abrirse camino debajo de las ramas bajas de árboles viejos y a través de arbustos que habían crecido demasiado y de malezas que le llegaban a la cintura y que le obstaculizaban el progreso. Una sola ventana adornaba la pared trasera. A pesar de que las malezas altas le negaban el acceso directo hacia la ventana, un árbol grande extendía sus ramas a centímetros de los vidrios quebrados, pero casi enteros. Luego de trepar al árbol y extenderse hacia la casa a través de sus ramas, el explorador se quedó estupefacto cuando miró adentro del vidrio sucio.

Parecía que esta habitación había permanecido intocable por el fuego que había devastado el resto de la casa. Candeleros estaban sobre la tapa de la pequeña chimenea, y la cera de las velas había corrido hacia abajo de ella. Libros yacían abiertos en el escritorio de la derecha y las cortinas colgaban desde una ventana alta hacia la izquierda. A pesar de que las paredes estaban amarillentas por los años y manchadas con agua, no estaban negras como las otras habitaciones en las que había entrado. ¿Quién hubiera pensado que una habitación tal pudiera existir en la, por lo demás, destruida casa?

La emoción corrió por las venas del joven. Esta habitación revelaría la forma en la que el resto de la casa lucía antes del fuego. También daría las claves que necesitaba para determinar quién había vivido allí y por qué la habían dejado pudrirse en vez de reconstruirla. Quizás, otros tesoros lo esperaban en las partes de la habitación que no podía ver, recursos no explotados que lo ayudarían a resolver el misterio que siempre había rodeado la casa en su mente joven. De forma salvaje, la imaginación remontó vuelo mientras miraba dentro de la habitación impredecible que estaba delante de él.

Al rato, el joven retrocedió desde el punto de ventaja en el árbol. Su mente estaba llena de interrogantes, ya que la habitación contenía posibilidades que iban más allá de sus mayores esperanzas. Quizás, le facilitaría las oportunidades de cumplir con el sueño de la infancia de restaurar la casa a su antiguo esplendor. Ya estaba ocupado en calcular de qué forma forzaría la apertura de la puerta que se encontraba al final del oscuro pasillo. Luego, sabría con más certeza la riqueza de su hallazgo.

Potencial. Las revelaciones no expuestas, no exploradas, ocultas e inactivas que yacen debajo del polvo y la mugre acumulados durante años. *Potencial*. La fuerza y la belleza que yacen no deterioradas por los estragos del fuego, del viento y del agua. *Potencial*. Las posibilidades de reconstrucción después de años de destrucción, decadencia y descuido.

La vida es muy parecida a esta casa en decadencia. La fuerza y la belleza que Dios dio a los hombres y a las mujeres cuando los creó a su imagen y semejanza, no se evidencian con mucha frecuencia en nosotros. La mente se encuentra desordenada debido a pensamientos impuros y a motivos mezclados, el cuerpo se debilita por el efecto de los malos hábitos y decisiones pobres, y el corazón se deforma debido a la confianza puesta en el lugar incorrecto y a la ausencia de amor. De muchas formas, somos personas vacías que se abren camino a través de los problemas y los desvíos de la vida, con poca esperanza de que las cosas cambien alguna vez. Este desánimo y decepción con respecto a la vida es el resultado de la separación de Dios, la cual se produjo cuando Adán y Eva pecaron al elegir poner sus propios pensamientos y deseos por encima de los mandamientos y de las promesas de Dios (ver Génesis 3). Cada persona comparte esta tendencia a posicionar sus necesidades y voluntad por sobre las de Dios. En esto yace la fuente de desánimo e insatisfacción.

....

Nuestro desánimo e insatisfacción con respecto a la vida son los resultados de la separación de Dios.

....

La intención de Dios para los hombres y las mujeres no ha cambiado, ni tampoco nos ha quitado la fuerza y la belleza que nos dio al nacer. Estos dones están enterrados dentro de nosotros, cubiertos por las actitudes y suposiciones que nos impiden vivir la vida abundante que Dios planeó para nosotros. En efecto, *muchos han puesto un cartel de "No pasar" sobre el poder, las habilidades, los talentos y las capacidades.* Debido a que hemos obedecido ese cartel, muchas de las posibilidades con las que nacimos aún se encuentran en nosotros, escondidas e inactivas, en desuso y sin experimentarse.

UN TESORO EN VASIJAS DE BARRO

El gran escritor Pablo se refiere a esta riqueza oculta dentro de nosotros como *"tesoro en vasijas de barro"* (2 Corintios 4:7). La vasija puede lucir sin mucho valor, pero el tesoro que contiene es valioso e incalculable. En otras palabras, *lo que las personas ven cuando te miran no es lo que eres en verdad. Puedes convertirte en mucho más de lo que eres ahora.*

¿Quién hubiera pensado que Saulo de Tarso, un judío ferviente que se oponía a los seguidores de Jesús de forma enérgica, se convertiría en el apóstol Pablo, el mayor misionero que la Iglesia jamás haya conocido? Ciertamente, no lo pensaban los cristianos a quienes perseguía, ya que no esperaban nada bueno de él (ver Hechos 9:20-21). Ni tampoco el mismo Saulo. Ni siquiera en su imaginación más remota se hubiera visto a sí mismo como el siervo de Aquel a quien despreciaba. No obstante, al igual que la casa vieja, Saulo contenía una riqueza inactiva que no era evidente debajo de las trampas externas del fervor religioso equivocado.

La misma riqueza está presente en ti. Eres capaz de mucho más de lo que los demás esperan de ti, incluso, por encima de los sueños más extravagantes. El potencial no expuesto e inactivo yace debajo de la superficie de la existencia diaria y espera que lo descubran y lo liberen. A pesar de que el acceso a este gran tesoro se ha obstruido debido al pecado, la fuerza y la belleza del potencial se pueden reivindicar. La realidad de quién Dios quiso que fueras al crearte no tiene por qué permanecer cautiva de la destrucción, la decadencia y el abandono de los años.

*Eres capaz de mucho más de lo que los demás esperan de ti,
incluso, por encima de los sueños más extravagantes.*

Esta riqueza no expresada dentro de ti es únicamente tuya, porque Dios no crea a dos personas con el mismo propósito. Tu personalidad, habilidades y recursos son los regalos que Dios te otorgó antes de darte aliento de vida, y contienen la posibilidad de llevar significado y realización a tu vida. Están disponibles, sin embargo, sólo para aquellos que ponen en funcionamiento el esfuerzo de recuperarlos y usarlos de acuerdo con las especificaciones dadas por Dios. *Aprender a explotar la riqueza oculta de tu potencial es la tarea mayor y la necesidad más apremiante de la vida,* porque si no descubres la forma en la cual exponer y usar este tesoro, morirás con él. Esta riqueza, que es el poder sin igual de Dios dentro de ti, nunca se da para enterrarla. Dios quiere que liberes todo lo que te dio para el beneficio de otros y la bendición de tu propia vida. Usemos las historias de la casa en ruinas y la vida de apóstol Pablo para establecer algunas claves que puedes usar para explotar tu potencial.

CLAVES PARA LIBERAR EL POTENCIAL

El explorador en la historia de la casa vieja estaba, sin dudas, emocionado al regresar de su puesto en altura afuera de la inesperada habitación de la parte posterior de la casa. Había dado un vistazo al antiguo esplendor de la casa, un preludio para entender los sueños y los planos del propietario original cuando la construyó. Ese vistazo sugería la posibilidad de establecer el nexo necesario con el pasado de la casa —antes de que el fuego, el viento y el agua provocaran una destrucción mayor— que le permitiría reconstruirla de acuerdo con su diseño original.

Conoce la fuente

Nadie conoce un producto como el fabricante. Si vas a cambiar quien eres ahora para convertirte en quien Dios quiso que fueras al crearte, también debes procurar entender la naturaleza del diseño original de Dios para ti, antes de que el pecado causara estragos en tu vida. Esta comprensión no está a tu disposición a menos que te vuelvas a conectar con Dios, tu Creador. Separado de Él, no puedes ni podrás liberar todo el potencial, porque Él te lo dio y te diseñó para que lo explotaras. *Debes conocer a Dios, tu Fuente, si quieres experimentar una vida abundante y satisfactoria.*

Saulo de Tarso conoció a su Fuente en el camino a Damasco, cuando Jesucristo le habló desde una luz brillante que lo encegueció. Durante tres días permaneció ciego y no comió ni bebió. Simplemente esperó ante Dios, preguntándose qué sucedería después. Luego, Dios envió a un hombre llamado Ananías a poner las manos sobre Saulo para que recobrara la vista y recibiera el Espíritu Santo en su vida. De forma inmediata, algo como escamas cayeron de los ojos de Saulo y pudo ver otra vez. Fue durante este período que Dios, el Creador, le reveló a Pablo el propósito que tenía para su vida. Después de esto, Saulo pasó varios días con los discípulos en Damasco, predicando que Jesús es el Hijo de Dios y probando que Jesús es el Mesías.

¡Qué cambio! Pocos de nosotros experimentaremos un cambio tan dramático como aquel que le ocurrió al hombre llamado Saulo que se convirtió en Pablo. Pero un cambio igual de radical, de estar centrados en sí mismos a estar centrados en Dios, debe suceder en todos los que descubrirán y usarán todo el potencial. Esto es verdad, porque *la clave fundamental para liberar el potencial siempre es una relación con la fuente o el fabricante del producto.* Tú *debes* tener un encuentro transformador con Aquel que te hizo, si quieres llegar a ser quien Dios quiso que fueras.

Al igual que el joven que no podía restaurar la casa a su antiguo esplendor sin comprender el diseño y la intención original del constructor, no puedes exponer los dones, talentos y capacidades naturales que Dios puso en tu vida si no te reconectas con Él. Todo lo que hagas separado de Dios siempre presentará deficiencias en el valor verdadero y en la capacidad del potencial. Por lo tanto, el cumplimiento y el valor son imposibles sin Él. Sólo al regresar a la Fuente/Fabricante/Creador puedes esperar que se suelte el poder que está dentro de ti. *Debes conocer la Fuente para llegar a ser el potencial. Esta es la clave fundamental.*

Comprende la función

El modo de operación para el rendimiento máximo de cualquier producto es establecido y determinado por el fabricante/creador, y se le debe obedecer para alcanzar el beneficio máximo. De esta manera, la segunda clave para liberar el potencial es conocer de qué forma Dios te creó para que funciones, y aplicar ese conocimiento a la vida. Ningún constructor puede restaurar una casa con éxito a menos que primero conozca las especificaciones determinadas por el constructor y las características que se encuentran en los planos originales. Una ducha, por ejemplo, puede cumplir con una parte de la intención del diseñador para el baño, pero no puede igualarse con todas las funciones de una bañera. De este modo, instalar una ducha en vez de una bañera, cambiaría no sólo la apariencia de la habitación, sino también la capacidad para proveer las funciones proyectadas que se construyeron de acuerdo con el diseño original.

El hombre fue diseñado para vivir por fe. El diseño original de Dios para los hombres y las mujeres exige que ellos vivan desde la perspectiva de la fe con la eternidad en el corazón. El libro de Hebreos define la fe como *"la garantía de lo que se espera, la certeza de lo que no se ve"* (Hebreos 11:1). Este es el modo de trabajar de Dios. No está influenciado por la experiencia externa, ni su poder disminuye por los obstáculos que parecen imposibles.

Dios no está influenciado por la experiencia externa, ni su poder disminuye por los obstáculos que parecen imposibles.

Pablo aprendió la importancia de mirar más allá de lo que está inmediatamente visible y evidente. A pesar de que se encontró con muchas situaciones que parecían interponerse en su misión de compartir las buenas nuevas de Jesús con aquellos que no pertenecían al mundo judío, perseveró y se enfocó en la tarea dada por Dios y confió en el Espíritu Santo para garantizar la realización de los planes de Dios. Por esto Pablo testificó: *"Vivimos por fe, no por vista"* (2 Corintios 5:7).

La habilidad para soltar el potencial está atada a tu voluntad de vivir de forma consistente desde la perspectiva de Dios, quien vio al apóstol Pablo en el asesino Saulo. Dios te creó para que compartieras su punto de vista. Si permites que los obstáculos que se amontonan en tu camino y las expectativas de otros te desanimen y te envíen a desvíos de tiempo y energía, los talentos y las capacidades que Dios te dio se desperdiciarán. *Aprender a funcionar con la mirada más allá de lo que ves ahora para lo que aún es posible, es una clave importante para liberar el potencial. Debes decidirte a vivir por fe.*

Comprende el propósito

Para liberar el potencial de forma completa, debes descubrir la razón corporativa y específica de tu existencia y de la misión que conlleva. Una de las primeras tareas de un constructor que quiere restaurar una casa antigua es determinar el propósito de cada habitación. A pesar de que dicho propósito tal vez no resulte inmediatamente evidente, la reconstrucción no puede duplicar el edificio original de manera exacta y efectiva, si el objetivo de cada habitación no está establecido.

De manera similar, no puedes liberar de forma efectiva el potencial si no descubres el propósito para el cual Dios te dio vida. El potencial y el propósito están perfectamente relacionados, porque Dios nunca requiere que hagas o seas algo que no es parte de su propósito. De la misma forma, nunca requiere algo de ti que Él no haya provisto cuando te creó. El potencial te permite cumplir con el propósito, y el propósito revela el potencial escondido dentro de ti.

....

El potencial te permite cumplir con el propósito, y el propósito revela el potencial escondido dentro de ti.

....

Desde el encuentro con Cristo en el camino a Damasco al final de su vida, Pablo sabía que Dios lo había llamado y salvado con un objetivo específico: "*... Dios me había apartado desde el vientre de mi madre y me llamó por su gracia. Cuando él tuvo a bien revelarme a su Hijo para que yo lo predicara entre los gentiles...*" (Gálatas 1:15-16). De forma similar, el apóstol Pedro descubrió su propósito cuando Jesús le dijo tres veces "*Cuida de mis ovejas*" (Juan 21:16; ver también Juan 21:15-18). Ambos permanecieron fieles al propósito de Dios, y dedicaron sus vidas a su realización y conformaron sus acciones al cumplimiento.

Tú eres como estos apóstoles. También tienes un propósito establecido por Dios, y las aptitudes, talentos, habilidades y características que te capacitan para llevar a cabo el plan. Tu responsabilidad es descubrir *qué* es lo que Dios ha diseñado para que hagas y *de qué forma* planeó que lo cumplieras. Hasta que descubras los planes de Dios no tendrás la motivación para descubrir el potencial que te facultará para llevarlo a cabo, ni tampoco serás feliz o te sentirás satisfecho. *El descubrimiento del propósito es el descubrimiento del potencial.*

El éxito sin una comprensión del propósito carece de significado. Conocer y cooperar con el propósito dado por Dios es la tercera clave para liberar el potencial. Él solo sabe por qué te creó con la combinación específica de personalidad, habilidades y sueños que te hacen la persona única que eres. *Tú compartes el propósito de la humanidad de glorificar a Dios al cumplir con el objetivo individual de liberar el poder, la belleza y las posibilidades ocultas dentro de ti.*

El éxito sin una comprensión del propósito carece de significado.

Conoce los recursos

Se dan normas para el cumplimiento de la visión. Cada constructor, antes de comenzar un proyecto, estima los materiales que necesitará para completar el trabajo y determina los recursos que están disponibles para él. Dios funciona de una forma similar. Mientras forma y modela a cada persona para un propósito específico, también provee los recursos necesarios para llevar a cabo sus planes.

El apóstol Pablo sabía que Dios le había dado ciertos recursos para ayudarlo a cumplir con el propósito y liberar el potencial. Variados en naturaleza y uso, estos recursos incluían las habilidades para hacer tiendas, la ciudadanía romana, la educación y formación judía, la fe en Jesucristo y la confianza de que Dios, a través del Espíritu, le había dado un mensaje para el mundo (ver Romanos 15:15-19).

Pablo tenía cuidado, sin embargo, de ver estos recursos como herramientas que Dios le dio para llevar a cabo sus planes. Por lo tanto, siempre les confirió una importancia inferior a la de Aquel que se los dio. La educación y formación como judío, por ejemplo, tenían que refinarse y redirigirse antes de que Pablo los pudiera usar como recursos, para no abusar de ellos. Por eso, pasó a considerar la ley, la cual había sido de suma importancia para él como fariseo, como el regalo de Dios para mostrarles a los hombres su pecado y necesidad de un Salvador (ver Romanos 3:20). Los recursos no pueden y no deberían sustituirse por la Fuente.

Tú también posees recursos que Dios te dio. El uso apropiado de éstos liberará tu potencial, pero su mal uso te destruirá. Por lo tanto, no puedes completar tu potencial limitado a menos que aprendas qué recursos tienes, de qué forma Dios pretende que funcionen y por qué te los dio. *El uso eficaz de los recursos es la cuarta clave para liberar el potencial.*

Mantén el ambiente adecuado

Todo potencial demanda condiciones conducentes al cumplimiento máximo del propósito. Consecuentemente, todas las formas de vida tienen condiciones ideales en las cuales crecen y florecen. Pablo comprendió con claridad que las condiciones en las cuales vivimos afectan la naturaleza de nuestro vivir. La luz que de forma continua se encuentra rodeada de oscuridad corre peligro de perder su brillo. La rectitud que de forma reiterada se asocia con la maldad puede, con el tiempo, empañarse. Por esta razón, Pablo escribe:

«Viviré con ellos y caminaré entre ellos. Yo seré su Dios, y ellos serán mi pueblo».(...) «Salgan de en medio de ellos y apártense. No toquen nada impuro, y yo los recibiré». «Yo seré un padre para ustedes, y ustedes serán mis hijos y mis hijas, dice el Señor Todopoderoso». Como tenemos estas promesas, queridos hermanos, purifiquémonos de todo lo que contamina el cuerpo y el espíritu, para completar en el temor de Dios la obra de nuestra santificación.

—2 Corintios 6:16b—7:1

Las observaciones de Pablo son tan aplicables hoy como lo fueron cuando las escribió. "*¿Qué tienen en común la justicia y la maldad? ¿O qué comunión puede tener la luz con la oscuridad?*" (2 Corintios 6:14b). No puedes pasar tiempo de forma seguida con personas impías, o estar rodeado de un comportamiento perverso y mantener la comunión con Dios. Este es un tema serio, ya que *la comunión con Dios y la obediencia a sus leyes y mandamientos son ingredientes esenciales de tu ambiente ideal*. La vida fuera de ese ambiente destruirá tu potencial debido a que un ambiente erróneo siempre significa muerte.

....

La vida fuera de ese ambiente destruirá tu potencial debido a que un ambiente erróneo siempre significa muerte.

....

Todos los fabricantes establecen las condiciones ideales que se requieren para el funcionamiento máximo de sus productos. De la misma manera, tú fuiste creado para funcionar bajo condiciones específicas establecidas por tu Creador. Cualquier violación a las condiciones específicas del fabricante minimiza el efecto pretendido. Las leyes de Dios no se dan para restringirnos, sino para protegernos al mantener un ambiente ideal para el máximo rendimiento. La obediencia protege el funcionamiento. La desobediencia disminuye el potencial.

Así como el pez no puede vivir en aguas contaminadas y las plantas se mueren en suelos desérticos, de la misma manera tú no puedes vivir en condiciones que no admiten a Dios como el factor central y más importante de la vida diaria. Crear y sostener un ambiente centrado en Dios, es tan importante para tu crecimiento y satisfacción como lo es para la reputación y el éxito de un arquitecto el diseñar casas que encajen con los climas y ambientes. Mantener el ambiente ideal es la quinta clave para liberar el potencial.

Trabajo: la llave maestra

Los sueños sin trabajo no logran nada. El joven que miró en la habitación impredecible podría soñar siempre acerca de restaurar la casa, pero el sueño sólo se convertiría en realidad si canalizaba la emoción y la visión en trazar planos y hacer el trabajo de reconstrucción. De forma similar, Pablo no podría haber alcanzado al mundo no judío con el Evangelio de Jesucristo, si sólo se hubiera regocijado con la nueva relación que tenía con Dios, aprendido a vivir por fe, explorado los recursos y buscado un ambiente saludable en el cual vivir. Pablo tuvo que trabajar para liberar su potencial y alcanzar su propósito.

Los sueños sin trabajo no logran nada.

El Nuevo Testamento está lleno de historias que relatan los esfuerzos de Pablo por compartir el regalo de la salvación de Dios con aquellos que no habían oído el Evangelio (ver en particular Hechos 13-20). Cuando una puerta se cerraba, buscaba otra. Cuando sus compañeros de viaje interferían en sus planes, se separaba de ellos y buscaba a otros que compartieran su visión. Ni siquiera los disturbios, las golpizas y los encarcelamientos le impedían buscar de forma continua nuevas maneras de compartir las buenas nuevas de Jesús. Una y otra vez, Pablo luchaba contra el desánimo, malentendidos y desconfianza para cumplir la comisión que Dios le había encomendado.

Tú también necesitas trabajar. *El amor al trabajo es el secreto del progreso personal, de la productividad y del cumplimiento, porque el trabajo anima la liberación del potencial, y el potencial es la abundancia de talentos, habilidades y capacidades que se le han dado a cada persona.* Cuando te rehúsas a trabajar, te niegas a ti mismo la posibilidad de cumplir con tu potencial y con tu propósito, y pierdes el derecho a la productividad que podría haberte bendecido a ti y a otros. Por lo tanto, le robas al mundo. La mejor medida de seguridad contra este robo es tanto comprender el propósito y la naturaleza del trabajo como vivir a partir de ese conocimiento.

El propósito del trabajo

A la mayoría de nosotros no le interesa descubrir lo que podemos llegar a lograr cuando vamos al trabajo. Vamos a trabajar sólo porque queremos un cheque con el sueldo. Esta visión con respecto al trabajo es contraria al propósito de Dios. Le preocupa más el uso o el abuso que hagamos de las habilidades y talentos que nos dio, que nuestra situación financiera de riqueza o pobreza. Quiere que seamos buenos trabajadores, no buenos para mantener el trabajo. Este cambio de actitud requiere que comencemos a ver el trabajo como una bendición, no como un castigo.

Trabajar de la forma en la que Dios planeó es algo que se le dio al hombre antes de que pecara. *Es la herramienta dada por Él para hacernos productivos y fructíferos.* Debido a que las tareas y actividades de Dios siempre involucran trabajo, Él diseñó a los hombres y a las mujeres para compartir esta creatividad al darles la oportunidad de trabajar. Así como Dios trabajó a través de su palabra hablada para hacer visible lo que no lo era, de la misma forma debemos trabajar para revelar las posibilidades invisibles que existen en nosotros. A pesar de que las condiciones de trabajo cambiaron después del pecado para convertirse en algo doloroso y que requiere gran esfuerzo, el propósito del trabajo no cambió. *El trabajo no es el resultado del pecado.*

En esencia, el trabajo es un regalo de Dios para ayudar a las personas a descubrir el potencial. Hasta que no comiences a trabajar en descubrir lo que aún puedes ser, te perderás las bendiciones inherentes en el trabajo. Esto es verdad porque el trabajo beneficia al trabajador por:

- proveer para las necesidades físicas,
- edificar la autoestima,
- enseñar que el uso de los talentos, capacidades y habilidades es mucho más importante que la adquisición de dinero,
- desarrollar una actitud que vea el desafío como un motivo de alegría, debido a que contiene la posibilidad para el éxito,
- ofrecer la oportunidad de transformar sueños en realidad,
- multiplicar los recursos y
- revelar el potencial que aún se debe exponer, explotar, liberar y emplear.

El trabajo también bendice a otros cuando damos de forma generosa de lo que tenemos y de lo que somos.

El trabajo es el regalo de Dios para descubrir el potencial.

La naturaleza del trabajo

El trabajo de Dios en la creación era el de entregar las cosas que estaban ocultas dentro de Él. Él se esforzó para dar a luz el mundo. Este concepto de esforzarse para entregar es el factor central en la percepción del trabajo de Dios.

El trabajo libera el potencial y concede el éxito. Usa las habilidades innatas y talentos naturales para compartir experiencia y destreza. También activa la habilidad productiva del mundo y activa el poder creativo del hombre. Básicamente, *el trabajo hace surgir de un hombre o una mujer las posibilidades que morirán con esa persona a menos que se activen, funcionen, produzcan y se lleven a cabo.* En la ausencia del trabajo, la fuerza y la energía se desperdician, los sueños y las visiones languidecen y se mueren, las habilidades y los talentos dados por Dios se degeneran y la productividad disminuye. En esencia, la pereza, que es la ausencia de trabajo, aborta el potencial y sacrifica las posibilidades.

> *El trabajo libera el potencial y concede el éxito.*
> *La pereza, que es la ausencia de trabajo, aborta*
> *el potencial y sacrifica las posibilidades.*

Por lo tanto, el propósito de Dios al darte trabajo es bendecirte al hacer surgir de tu vida todo lo que Él ve en ti. Te diseñó para que satisficieras tus necesidades y las de otros a través de tu habilidad para trabajar. Cuando veas el trabajo desde esta perspectiva y aceptes las oportunidades de trabajo como un regalo de un Dios amoroso que quiere sacar de ti la riqueza del potencial escondido, encontrarás que el trabajo se convertirá en un placer anticipado que debe aceptarse como una oportunidad para encontrar alegría y plenitud. El trabajo es la llave maestra para liberar el potencial.

Estas seis claves son esenciales para la liberación de tu potencial. Si haces caso omiso siquiera de uno de estos principios limitarás el potencial, porque la violación de una ley siempre incurre en una pena, y la historia ha probado que estas leyes son verdaderas. Comprométete hoy a practicar estas claves para que tu potencial no muera contigo. Dios quiere que todo lo que puso en ti para el bien del mundo se libere y maximice. Sólo entonces, podrás verdaderamente convertirte en tu potencial.

> *Dios trabaja la visión por dentro; el hombre la trabaja por fuera.*

PRINCIPIOS QUE GOBIERNAN EL POTENCIAL

1. Lo que Dios habla es la fuente de lo que crea.

    Dios habló consigo mismo cuando te creó, entonces provienes de Dios.

2. Todas las cosas tienen los mismos componentes y esencia que las fuentes de las cuales provienen.

    Debido a que vienes de Dios, quien es Espíritu, tú también eres espíritu.

3. Todas las cosas deben mantenerse por las fuentes desde las cuales provienen.

    Debes sustentarte de Dios, Él es tu Fuente. Separado de Él morirás.

4. El potencial de todas las cosas está relacionado con la fuente de la cual proviene.

    Tu potencial está relacionado con el de Dios.

5. Todo en la vida tiene la capacidad de cumplir con su potencial.

    Dios puso en ti la habilidad de cumplir tu potencial.

6. El potencial está determinado y revelado por las demandas colocadas en él por el Creador.

    Dios revela para qué tarea te creó al colocar demandas en ti. Eres capaz de hacer cualquier cosa que Dios te pida.

CLAVES PARA LIBERAR EL POTENCIAL

1. Debes conocer la fuente.

Dios es tu Fuente.

2. Debes comprender la forma en la que te diseñaron para que funcionaras.

Dios te diseñó para funcionar por fe.

3. Debes conocer el propósito.

Dios te creó para que expresaras su imagen, disfrutaras la comunión con Él, dominaras la Tierra, llevaras fruto y te reprodujeras.

4. Debes entender los recursos.

Dios te ha dado los recursos de espíritu, cuerpo, alma, tiempo y cosas materiales.

5. Debes tener el ambiente adecuado.

Dios te creó para que vivieras con Él en una relación de comunión y obediencia que se establece y mantiene debido a su presencia, confianza, guía y dirección.

6. Debes ejercitar el potencial.

El trabajo es la bendición de Dios para desafiarte y exponer el potencial.

Capítulo 3

Los enemigos del potencial

La capacidad es tu responsabilidad.

Los ciclistas se levantaron temprano el primer día de viaje. Al mediodía estaban preparados para completar el primer tramo del viaje que cruzaba el continente. Cuando cayeron a la cama esa noche, el cansancio y la euforia se disputaban la atención. El día les había dado una pizca emocionante de la alegría que tenían por delante. También les advirtió acerca del mucho trabajo duro que había entre ellos y el destino pretendido.

A la mañana siguiente se despertaron con ampollas, dolores musculares y un amanecer espectacular. En medio de quejas, burlas y palabras de aliento, se prepararon para levantar campamento y comenzar a andar. Para desilusión de ellos, sin embargo, dos de las diez bicicletas tenían las llantas pinchadas. Repararlas demoró el comienzo una hora o más, de modo que el calor del día estaba sobre ellos cuando se pusieron en camino.

Esa noche, mientras instalaban el campamento, la ansiedad y el desánimo eclipsaron la euforia de la noche anterior. Primero, los ciclistas se habían empapado debido a un aguacero que tuvo lugar a última hora de la tarde. Luego, fue difícil comenzar la fogata del campamento debido a que la madera era escasa y la que encontraron estaba mojada. Finalmente, un ciclista descubrió que una correa de su mochila casi se le había roto, y otro se dio cuenta de que en su equipo faltaba la cantimplora. Mientras se acurrucaban en las bolsas de dormir en el suelo húmedo, cada uno esperaba que el día siguiente fuera mejor.

El amanecer recién comenzaba a iluminar el cielo cuando un grito de enojo rompió el silencio. Al despertar, un madrugador encontró el contenido de su equipaje esparcido por todo el suelo. Algo, o alguien, se había dedicado a eso durante la noche. Los otros rápidamente revisaron sus bolsos y hallaron que también les faltaba algo de su comida. Aunque nadie pensó en voz alta, más de un ciclista se preguntó si alguien trataba de impedirles terminar el viaje. Era un grupo silencioso y apesadumbrado el que se subió a las bicicletas esa tercera mañana.

Nuestra vida no es diferente de este viaje en bicicleta para cruzar el continente. Cuando nos volvemos a Dios y comenzamos a vislumbrar y actuar de acuerdo con sus planes y propósitos para la vida, nos emocionamos y anticipamos las alegrías y las sorpresas que están por delante. Cuando nos encontramos con obstáculos y descubrimos la perseverancia y trabajo duro que se nos requerirá para llevar a cabo el potencial que Dios nos dio, el entusiasmo, con frecuencia, disminuye, y el aburrimiento o la desilusión toman ese lugar.

Luego, como los ciclistas, simplemente debemos seguir adelante con el viaje a pesar de la adversidad y las situaciones y eventos de desánimo que nos asedian. Así como un embarazo no es garantía del nacimiento de un niño sano, de la misma forma, comenzar un viaje no nos asegura que lo terminaremos. *La visión se puede abortar.*

El mundo es experto en abortar el potencial. Además de no hacer nada para ayudarte a revelar y a usar lo que está escondido en ti, lo más probable es que te desanimará al comparar tus esfuerzos con los modelos de éxito, los cuales surgen debido a que el mundo no conoce lo que es el verdadero éxito. Ten cuidado con estos modelos y con las palabras despectivas de aquellos que viven de acuerdo con ellas porque, si se lo permites, estropearán tu viaje. Luego, la tragedia golpea, el éxito muere en el fracaso, la esperanza muere en la desesperación y las visiones mueren en la ausencia de confianza. Este aborto de potencial quiebra el corazón de Dios.

....

La tragedia golpea, el éxito muere en el fracaso, la esperanza muere en la desesperación y las visiones mueren en la ausencia de confianza.

....

Eres responsable de liberar tu potencial. Nadie más puede hacerlo por ti ni lo hará. Liberar algo de potencial, sin embargo, no significa que lo liberarás por completo. Para redimir todo el potencial se requiere que lo protejas, lo cultives, lo compartas, y descubras y obedezcas las leyes de limitación concernientes a tu potencial. Estas son las claves para maximizarlo.

Puedes trabajar duro para alcanzar un sueño, pero si no lo proteges, cultivas, compartes y actúas dentro de los modelos y directivas de Dios, lo perderás. Esta pérdida se produce porque conocer las demandas de Dios y cumplirlas son dos experiencias muy diferentes. Una es información, la otra acción. Muchas veces lo que debería haber sido no sucede, debido a que en algún lugar entre el sueño y su cumplimiento las grandes aspiraciones se pisotean y se destruyen. Este es el trabajo del destructor.

EL ENEMIGO DE TU POTENCIAL

Cuando Dios puso al hombre en el jardín, le ordenó que lo trabajara y cuidara. La versión *Reina Valera 1960* de La Biblia dice que ese hombre debía labrar y guardar el jardín, mientras que la *Nueva Versión Internacional* le asigna al hombre la responsabilidad de cultivarlo y cuidarlo. Este requisito de Dios fue dado al hombre antes de que este rompiera a través de la desobediencia la comunión que tenía con Él. El hombre estaba en un ambiente ideal, lleno del poder y de la unción de Dios; vivía en perfecta santidad y pureza y disfrutaba de la comunión y de la presencia de Dios. De este modo, este mandamiento implica que algo o alguien esperaba tomar o atacar aquello que se le había dado al hombre para que lo guardara. Las Escrituras nos advierten acerca de este ladrón.

Yo soy la puerta; el que entre por esta puerta, que soy yo, será salvo. Se moverá con entera libertad, y hallará pastos. El ladrón no viene más que a robar, matar y destruir; yo he venido para que tengan vida, y la tengan en abundancia.

—JUAN 10:9-10

Satanás es nuestro enemigo. Quiere destruir el poder de Dios que está dentro de nosotros para que la gloria de Dios no se nos revele. Él, a quien echaron del cielo a la Tierra, donde *"engaña al mundo entero"* (Apocalipsis 12:9), está afuera para apartarnos de Aquel que es la vida y la salvación. Está afuera para destruir todo lo que podamos ser, porque sabe que aquellos que se vuelven a arraigar en Dios tienen la habilidad para actuar como Él y mostrar su naturaleza y semejanza. Por consiguiente, Satanás viene como ladrón para robar el potencial, debido a que no puede desafiar el poder de Dios que está dentro de nosotros de forma audaz. El envase externo, el cuerpo, no revela nada del tesoro que está dentro de nosotros. Este tesoro totalmente incomparable es el poder y la sabiduría de Dios.

Exaltado es el SEÑOR porque mora en las alturas, y llena a Sión de justicia y rectitud. Él será la seguridad de tus tiempos, te dará en abundancia salvación, sabiduría y conocimiento; el temor del SEÑOR será tu tesoro.

—ISAÍAS 33:5-6

En otras palabras, la clave para liberar el poder de Dios que está dentro es reverenciarlo, lo cual es vivir con Él en una relación de obediencia y sumisión. *Estás lleno de sabiduría celestial, pero tienes que seguir el programa de Dios para beneficiarte con ello.*

Jesús habló acerca de esta necesidad de vivir en relación con Dios cuando dijo:

Permanezcan en mí, y yo permaneceré en ustedes. Así como ninguna rama puede dar fruto por sí misma, sino que tiene que permanecer en la vid, así tampoco ustedes pueden dar fruto si no permanecen en mí. »Yo soy la vid y ustedes son las ramas. El que permanece en mí, como yo en él, dará mucho fruto; separados de mí no pueden ustedes hacer nada.

El que no permanece en mí es desechado y se seca, como las ramas que se recogen, se arrojan al fuego y se queman. Si permanecen en mí y mis palabras permanecen en ustedes, pidan lo que quieran, y se les concederá.

—JUAN 15:4-7

No es ninguna sorpresa que Satanás trate de robar nuestro potencial. Teme el poder de Dios que está dentro de nosotros porque es mayor que él. Por lo tanto, los sueños, planes e ideas son blancos de las fuerzas de maldad. En el instante en el que tengamos una buena idea, el engañador enviará a alguien a criticar el sueño porque no puede permitir que llevemos a cabo la visión. Mientras sólo soñamos, él está seguro y nos deja tranquilos. Cuando comenzamos a actuar con respecto a nuestro sueño, nos golpeará con toda la fuerza.

....

Los sueños, planes e ideas son blancos de las fuerzas de maldad.

....

Eres responsable de guardar tu sueño y hacerlo realidad al salvaguardarlo y protegerlo de lesiones y pérdidas. Para hacer esto debes comprender la forma en la que Satanás busca robarte el destino.

ENEMIGOS DEL POTENCIAL

Los métodos de Satanás para robar nuestros sueños son muchos y variados, de acuerdo con la visión y la personalidad del soñador. Permíteme identificar algunos de estos enemigos del potencial para que los reconozcas por lo que son, la actividad del engañador en tu vida.

1. Desobediencia

La Biblia afirma en reiteradas ocasiones que la desobediencia retiene las bendiciones de Dios y hace llover sus maldiciones sobre nosotros. Esto es verdad, debido a que la desobediencia trae a la vida las consecuencias naturales (ordenadas por Dios) de nuestras acciones.

Los adolescentes que experimentan con el sexo destruyen la belleza de la primera intimidad que se debe disfrutar entre el esposo y la esposa, se exponen al sida y a otras enfermedades, y se arriesgan a perder la alegría de la juventud debido al nacimiento de un niño. También canjean el derecho a soñar por problemas en el matrimonio en los años siguientes, enfermedades serias y posible muerte, y las responsabilidades de criar a un hijo antes de haber madurado para esa tarea.

Jonás aprendió las consecuencias de la desobediencia, cuando abordó un barco que iba en la dirección opuesta a la ciudad a la cual Dios lo enviaba. Casi pierde la vida ahogado. En una situación similar, la esposa de Lot, en vez de obedecer el mandamiento de Dios de no mirar hacia atrás, sacrificó su vida por una última mirada a la ciudad de la cual huía. La desobediencia siempre desperdicia el potencial y retarda la realización de los objetivos. No puedes maximizar tu potencial si persistes en la desobediencia. Para maximizar tu vida debes someterte a la voluntad de Dios en todo.

2. Pecado

A pesar de que los efectos de la desobediencia y del pecado son similares, este último es un mal más básico, porque es la rebelión total contra la voluntad conocida de Dios o, por decirlo de otra forma, una declaración de independencia de la Fuente. El resultante alejamiento de Dios destruye el potencial porque no podemos conocer a Dios si no tenemos su Espíritu, y éste es la contraseña para destrabar el potencial. El pecado básicamente dice: "Yo sé mejor que tú, Dios, de qué forma vivir mi vida".

El rey David experimentó la desolación y la muerte que resultó de un espíritu rebelde, cuando violó a la mujer de otro hombre y trató de cubrir la acción, al hacer que mataran en batalla al esposo y tomarla a ella por esposa. El hijo que le nació a David de este romance murió, y David tuvo que soportar la agonía de la separación del Dios que amaba. Lo que el niño hubiera hecho en el transcurso de su vida se sacrificó, así como la energía y vitalidad de David durante los meses que precedieron a la confesión de su pecado. No es ninguna sorpresa que orara:

Aparta tu rostro de mis pecados y borra toda mi maldad. Crea en mí, oh Dios, un corazón limpio, y renueva la firmeza de mi espíritu. No me alejes de tu presencia ni me quites tu santo Espíritu. Devuélveme la alegría de tu salvación; que un espíritu obediente me sostenga.

—SALMO 51:9-12

Destruir la relación con Dios a través del pecado siempre es un suicidio. No puedes convertirte en aquello para lo que Dios te creó si persistes en rebeldía contra Él. Si el Espíritu de Dios no vive y obra en ti, morirás con tu potencial. El pecado tapa el pozo de tu potencial. Para maximizar tu vida debes evitar comprometerte con la maldad.

3. Temor

El temor es tener fe en lo imposible. Es hacer hincapié en todo aquello que podría ir mal, en vez de en lo que podría ir bien. Aunque, por ejemplo, los accidentes ocurren y los automóviles se deben mantener y conducir con cuidado, el temor que nos impide conducir o andar en auto inmoviliza el potencial, porque limita mucho el lugar a donde podemos ir.

....

El temor es hacer hincapié en todo aquello que podría ir mal en vez de en lo que podría ir bien.

....

Cuando David, de muchacho, se encontró con el gigante Goliat con una honda y tres piedras, lo más seguro es que haya tenido temor. No obstante, debido a que lo dominó con maestría al confiar en Dios en vez de pensar en todo lo que podía ir mal, liberó a los israelitas de la opresión de los enemigos y honró el nombre de Dios (ver 1 Samuel 17). La fe que tenía en Dios lo movió más allá de la timidez ante el poder. El temor es ver a Goliat demasiado grande como para luchar contra él. La fe es ver a Goliat demasiado grande como para errarle.

Pablo le escribió a Timoteo acerca de esta habilidad de ir más allá del temor:

> ... *te recomiendo que avives la llama del don de Dios que recibiste cuando te impuse las manos. Pues Dios no nos ha dado un espíritu de timidez, sino de poder, de amor y de dominio propio.*
>
> —2 TIMOTEO 1:6-7

Un espíritu de dominio propio somete la información que recibimos a través del cuerpo y la mente al conocimiento que recibimos del Espíritu de Dios. Se rehúsa a permitir que la mente vuele al imaginar todo lo que *podría* suceder y elige, en cambio, aplicar las promesas de Dios a la situación y depender del amor y poder de Dios para el resultado. La fe, el modo de operación que Dios nos ha dado, combate el temor y anima a maximizar el potencial. Aquel que teme intentarlo, nunca sabrá lo que podría haber hecho. Aquel que teme a Dios no tiene nada más que temer. Para maximizar la vida debes neutralizar el temor con la fe.

....

Aquel que teme intentarlo, nunca sabrá lo que podría haber hecho.

....

4. Desánimo

La mayoría de las cosas que valen la pena tener requieren paciencia y perseverancia. Ningún pianista toca de forma perfecta la primera vez que presiona las teclas, ni tampoco un atleta gana una carrera la primera vez que corre. Existen muchos momentos desalentadores entre una experiencia inicial y la perfección de una habilidad.

Desafortunadamente, *se sacrifica mucho potencial en el altar del desaliento.* Quizás has experimentado este enemigo cuando demasiadas notas amargas entorpecieron tu ambición de practicar o cuando el fracaso al no ganar un premio te sacó de la carrera. Tocar y tocar hasta que la música suene bien y correr todos los días son las únicas formas de cumplir con el potencial. Los pianistas concertistas y los atletas olímpicos no nacen como tales. Se mueven más allá de los momentos desalentadores para perfeccionar las habilidades innatas.

La misma actitud se requiere de ti para maximizar tu potencial. *Dios no te dará un sueño a menos que sepa que tienes los talentos, habilidades y personalidad para completarlos. Sus mandamientos revelan el potencial que te dio antes de que nacieras.*

Dios ordenó a Josué que fuera valiente (ver Deuteronomio 31:7; Josué 1:7-8). A pesar de que Josué no se sentía valiente, Dios sabía que la valentía estaba en él y le ordenó que mostrara lo que había allí.

Aquellos que se encuentran bajo órdenes, órdenes militares, por ejemplo, sólo hacen lo que se les dice. No importa cómo se sientan con respecto a esa orden, simplemente la obedecen.

Debes responder de la misma forma a los mandamientos de Dios. Incluso, si te sientes desanimado con respecto a completar la tarea, debes comenzarla. Haz lo que se necesita hacer, sin importar qué tan difícil o imposible se sienta una directiva de Dios. Entonces, el desánimo no tendrá la oportunidad de destruir tu potencial. Para maximizar la vida, debes neutralizar el desánimo con la esperanza.

5. Postergación

¿Cuántas veces has demorado tanto en tomar una decisión o en completar un proyecto que después fue demasiado tarde para el propósito que tenías? La mayoría de nosotros hace esto con mayor frecuencia que la que nos gustaría admitir.

La postergación, el retraso de una acción hasta un tiempo después, mata el potencial. Los israelitas descubrieron esto cuando encontraron muchas razones por las cuales no podían obedecer a Dios y entrar en la tierra que Él les daba. Cuando vieron que la tierra era buena, con abundancia de comida, y finalmente decidieron tomar la tierra de la forma en la que Dios se los ordenó, descubrieron que la oportunidad de obedecer a Dios había pasado. Sin hacer caso a la advertencia de que Dios no iría con ellos, marcharon a la batalla y fueron derrotados por completo. Dios los dejó solos para que lucharan por sí mismos.

"Quien vigila al viento, no siembra; quien contempla las nubes, no cosecha" (Eclesiastés 11:4).

La postergación siempre se origina en el desánimo. Cuando nos desalentamos, dejamos de encontrar razones para hacer lo que sabemos que podemos hacer. Luego, Dios nos permite ir en nuestro propio camino y sufrir las consecuencias. Tarde o temprano, descubriremos que hemos perdido demasiado, debido a que nos rehusamos a actuar cuando Dios lo demandó. Con mucha frecuencia Él encontrará a alguien más que haga ese trabajo. La postergación es un enemigo serio del potencial. Carcome el verdadero centro de nuestro tiempo y motivación. Para maximizar la vida, debes destruir la postergación al eliminar las excusas y razones para no tomar cartas en el asunto. ¡Sólo hazlo!

El retraso carcome el verdadero centro de nuestro tiempo y motivación.

6. Fracasos pasados

Con mucha frecuencia, nos mostramos reacios a tomar riesgos en el presente porque hemos fracasado en el pasado. Quizás, la primera historia que enviaste a una revista no se publicó, por eso nunca volviste a escribir una. Quizás, tu primera huerta no produjo muchas verduras, por eso nunca volviste a plantar. Quizás, tu primera propuesta de negocios no obtuvo la aprobación del banco, por eso nunca empezaste tu propio negocio, y aún trabajas para alguien más.

El fracaso nunca es una razón para dejar de intentarlo. De hecho, el fracaso provee otra oportunidad para disfrutar el éxito. El apóstol Pablo descubrió esta verdad cuando conoció a Jesús y dejó de perseguir a Cristo, para predicar las buenas nuevas de la salvación de Dios.

Sin embargo, sigo adelante esperando alcanzar aquello para lo cual Cristo Jesús me alcanzó a mí. Hermanos, no pienso que yo mismo lo haya logrado ya. Más bien, una cosa hago: olvidando lo que queda atrás y esforzándome por alcanzar lo que está delante, sigo avanzando hacia la meta para ganar el premio que Dios ofrece mediante su llamamiento celestial en Cristo Jesús. Así que, ¡escuchen los perfectos! Todos debemos tener este modo de pensar... En todo caso, vivamos de acuerdo con lo que ya hemos alcanzado.

—FILIPENSES 3:12B-16

No era que Pablo no se daba cuenta de los fracasos, sino que se rehusaba a permitirles que le impidieran hacer lo que sabía que podía hacer. Creía que el Dios que lo había llamado para que lo sirviera cumpliría en y a través de él todo lo que se había propuesto. Confiaba en un poder mayor que él mismo.

Es más, todo lo considero pérdida por razón del incomparable valor de conocer a Cristo Jesús, mi Señor. Por él lo he perdido todo, y lo tengo por estiércol, a fin de ganar a Cristo y encontrarme unido a él. No quiero mi propia justicia que procede de la ley, sino la que se obtiene mediante la fe en Cristo, la justicia que procede de Dios, basada en la fe.

—FILIPENSES 3:8-9

Pablo lo había echado a perder, pero en Cristo encontró la razón y la fuerza para levantarse y seguir adelante. Tú debes hacer lo mismo o nunca verás todo tu potencial. Rechaza ser un perdedor, sin importar cuántas veces pierdas. *Es mejor intentar y fracasar que nunca intentarlo.* Recuerda, no puedes progresar si miras el espejo retrovisor. Para maximizar tu vida debes dejar que el pasado sea el pasado, y dejarlo allí.

7. Las opiniones de otros

La mayoría de nosotros ha tenido la experiencia de comentar una gran idea a amigos, que lo único que hicieron fue darnos cincuenta razones por las cuales esa idea no funcionaría. Con mucha frecuencia tal criticismo nos impulsa a abandonar las ideas, porque nos gustaría que aquellos a quienes hablamos de nuestros sueños aprobaran nuestros planes.

Abandonar los sueños por completo debido a que otros le restan impor-tancia o dicen que estamos locos por intentarlo desgasta el potencial. Lo mismo sucede cuando cambiamos los planes para satisfacer las ideas y las expectativas de la familia, amigos y socios de negocios. Satanás usa a aquellos que están más cerca de nosotros, cuyas opiniones valo-ramos, para quitarnos nuestro potencial. Mata la visión al sacudir la fe que tenemos en Dios y la confianza en nosotros mismos.

Satanás usa a aquellos que están más cerca de nosotros, cuyas opiniones valoramos, para quitarnos nuestro potencial.

Debido a que el destructor usa a aquellos en quienes más confías para impedirte que traduzcas la visión en realidad, debes aceptar que no puedes contar con nadie, a excepción de Dios. No puedes confiar en que ningún ser humano defienda tu potencial. Tú solo eres respon-sable. Al rehusarte a permitir que los comentarios despreciativos de otros te desanimen, al alejarte de su influencia cuando veas amena-zada tu visión y al aferrarte a los mandamientos y directivas de Dios, puedes desatar la totalidad del poder de Dios dentro de ti.

Jesús demostró la importancia de hacer caso omiso de las opinio-nes de otros, cuando fue a Jerusalén para la Pascua y las multitudes creyeron en Él debido a los milagros que había hecho.

En cambio Jesús no les creía porque los conocía a todos; no necesitaba que nadie le informara nada acerca de los demás, pues él conocía el interior del ser humano.

—JUAN 2:24-25

Tenía una buena razón para ser precavido con respecto a aceptar la afirmación de la multitud: conocía la naturaleza inconstante de las personas. No confiaba en sus ovaciones ni en sus palmaditas en la espalda. Apreciaba los elogios, pero no los necesitaba.

Los hechos de la semana que precedieron a su muerte confirman la sabiduría de la decisión. Un día las personas en Jerusalén lo recibieron con gran alegría y lo aclamaron como el Mesías. Varios días después, exigían a gritos su muerte. Si hubiera confiado en la alabanza y buena voluntad, Él muy bien podría haber perdido la oportunidad de cumplir con el propósito que Dios le dio para que fuera el Salvador del mundo.

Tú también debes tener cuidado de permitir que las opiniones de otros influencien tus decisiones. No confíes en que otros trabajarán a tu favor. Con mucha frecuencia, personas a las que creías de tu lado te darán la espalda y echarán por tierra tus esfuerzos, lo que anhelas. Recuerda, se requiere que actúes para una audiencia de uno, el Señor Jesucristo. Cuando Él aplaude, entonces tienes éxito.

Obtén el ánimo y la promoción de parte de Dios. Aprovecha los recursos del Reino celestial y recibe la confirmación de los planes de parte de Él, porque su opinión es la única que cuenta. Las opiniones de otros pueden destruir tu potencial si les permites tocar tus sueños y visiones. Para maximizar tu vida, debes declararte independiente de las opiniones de otros.

8. Distracciones

Este es uno de los enemigos principales para maximizar el potencial. Todos hemos tenido la experiencia de entrar en otra habitación y decir: "A ver, ¿para qué vine aquí?". Teníamos un objetivo cuando decidimos ir a otra habitación, pero algo entre la decisión de ir y el momento en el que llegamos nos desvió de la intención original. O tal vez y permitimos que intereses secundarios nos distraigan del objetivo principal.

Digamos, por ejemplo, que te fijas el objetivo de caminar cinco kilómetros todos los días para mejorar la salud. El primer día caminas cinco kilómetros en un poco más de una hora. El segundo día, te lleva una hora, pero caminas sólo medio kilómetro porque te detienes a cortar flores silvestres. No es malo hacerlo. Es el resultado de cortar flores, la distracción del objetivo, lo que es malo.

Satanás usa las distracciones para detener el progreso hacia el objetivo, o al menos para cambiar la velocidad de ese progreso. Si no puede convencernos de que nuestro sueño es erróneo, nos arrojará otras cosas en el camino para reducir la velocidad del desarrollo de la visión o nos empujará e inducirá para que vayamos más allá del itinerario de Dios. Una de las estrategias más exitosas de Satanás es preocuparnos con las cosas "buenas" para distraernos de las "correctas".

Quizás, Dios ha plantado la semilla de un sueño que quiere que cumplas dentro de veinte años. Mientras tanto, tiene muchos otros planes para tu vida. Permite que esa semilla se incube y avanza con cuidado. Mientras te mantengas abierto a que Dios te guíe en esa área, Él te revelará cuándo es el tiempo correcto. Jamás sacrifiques algo correcto por algo bueno.

De la misma forma, si Dios dice: "Ahora es el momento", examina cuidadosamente los pensamientos y acciones para ver si ayudan o dificultan la finalización de tu objetivo. Si un plan o una actividad te distraen de llevar a cabo la visión de acuerdo con el cronograma de Dios, es malo para ti en ese momento. El apóstol Pablo entendió esta verdad: "«*Todo me está permitido»*, *pero no todo es para mi bien. «Todo me está permitido», pero no dejaré que nada me domine*" (1 Corintios 6:12). Todo lo que no ayuda a nuestro progreso, lo dificulta. Esto es verdad, porque obedecer a Dios, ya sea muy tarde o muy temprano es desobediencia. Por lo tanto, debemos ser cuidadosos de no quedar involucrados en buenas actividades que nos distraigan del propósito global. Dios requiere que le demos una respuesta pronta a lo largo de todo el viaje. La obediencia a mitad de camino es, en realidad, desobediencia. Debemos ser fieles, entonces, a toda la visión a lo largo del extenso trayecto, debido a que la verdadera obediencia a Dios es hacer lo que Él dice, cuando lo dice, de la forma en que lo dice, tanto tiempo como Él dice, hasta que diga: "Suficiente".

Debido a que las distracciones nos sacan de curso, no podemos maximizar el potencial si nos permitimos distraernos de obedecer fielmente en cada paso del camino. Incluso si Dios, en su amor y misericordia, nos permite volver al curso, no podemos recuperar el tiempo y esfuerzo que hemos desperdiciado al distraernos.

Dios es el único que conoce a dónde vas y cuál es la mejor forma de llegar allí. No te enviará por rutas de desvío con muchos retrasos, ni tampoco te atraerá con engaños a desvíos y a callejones sin salida. La realización de tu potencial es su esperanza y alegría. Para maximizar la vida debes estar enfocado en el propósito y evitar las distracciones a través de la disciplina.

9. Éxito

El éxito es otro enemigo del potencial. Cuando completamos una tarea y la abandonamos porque pensamos que hemos llegado, nunca llegamos a ser todo lo que debemos. Si, por ejemplo, te graduaste de la universidad y enseñas en primer grado por el resto de tu vida, cuando Dios quería que fueras el director de la escuela secundaria, pierdes el derecho a mucho de tu potencial, debido a que te detuviste en un éxito preliminar. *Deja tu éxito y ve a crear otro. Es la única forma en la que liberarás todo tu potencial.*

Deja tu éxito y ve a crear otro.

Recuerda, Satanás teme a nuestro potencial. Sabe que Dios nos creó para hacer algo grande. Por lo tanto, nos permitirá un pequeño éxito y tratará de convencernos de que hemos llegado. Entonces, no querremos continuar hacia éxitos mayores. Debemos guardarnos de que un éxito pequeño nos impida llevar a cabo nuestro objetivo o propósito mayor.

En una manera similar, debemos ser cuidadosos en juzgar el éxito según los patrones de Dios, no los del mundo. Lo que el mundo considera éxito no es tal, porque el mundo no conoce lo que es el verdadero éxito. El verdadero éxito es estar bien con Dios y completar su misión y propósito para nuestras vidas. Es conocer a Dios y obedecerlo. De esta forma, *no podemos tener éxito sin descubrir y hacer lo que Dios nos pide.* Sin Dios, todo lo que hacemos es nada.

Por lo tanto, no te dejes intimidar por la falta de logro ante los ojos del mundo. El poder de Dios que está dentro de ti es mayor que cualquier otro poder. Cuando estás conectado con Dios y obedeces sus directivas, alcanzas el éxito de acuerdo con sus parámetros. Rehúsate a permitir que las medidas que el mundo tiene para el éxito te animen o desanimen, porque los parámetros de Dios son los únicos criterios que importan. Síguelo mientras te guía de éxito en éxito. Para maximizar la vida nunca debes permitir que el logro temporal cancele el cumplimiento eterno.

10. Tradición

Las tradiciones son enemigos poderosos del potencial porque están llenas de seguridad. No necesitamos pensar cuando hacemos algo de la forma en la que siempre lo hemos hecho. Ni tampoco somos incentivados a crecer y ser creativos, porque las nuevas ideas pueden interferir con la forma convencional de hacer las cosas.

Digamos, por ejemplo, que te contratan para que seas recepcionista en una empresa de fabricación. Facturas, órdenes, piezas de repuesto, correo del personal, revistas de comercio, todo llega a través de tu escritorio antes de distribuirse. Debido a que la empresa es grande, pasas gran parte del día con la tarea de enviar correspondencia o decidir quién recibirá el correo entrante. Esto te impide presentar la empresa al público de forma tan efectiva como te gustaría y, con frecuencia, retrasa la vía de contratos y presupuestos importantes.

Por lo tanto, propones que a todos los proveedores y vendedores externos se les notifique de que su negocio recibirá atención más rápida si se dirige directamente al departamento al cual pertenece. Las facturas deberían enviarse a cuentas por pagar, los pagos al departamento de cobranzas, las instrucciones de envío a la oficina de despachos, las partes al cuarto de suministros, etcétera. Tu propuesta no se implementa, no obstante, porque la recepcionista *siempre* abrió toda la correspondencia. Por cierto, te critican por ser vaga e ineficiente, porque no puedes manejar tanto la correspondencia como las otras obligaciones como el portero de la empresa. Muy probablemente, pasará mucho tiempo antes de que hagas otra sugerencia para mejorar esta empresa.

La tragedia es que la tradición, la cual probablemente tuvo un buen propósito cuando la empresa comenzó, impide el cumplimiento del propósito para el cual se la estableció. Cuando la empresa de fabricación era pequeña, tenía sentido tener una recepcionista que abriera toda la correspondencia que recibía, porque también trabajaba como secretaria para otros departamentos. Ahora que la empresa ha crecido y cada departamento cuenta con secretarias y administrativos, continuar con esa tradición es contraproducente. El resultado es, en vez de la eficiencia, la desorganización.

Recuerda, no importa qué tan bueno es el sistema actual, siempre hay una forma mejor. No te encierres en la comodidad de lo conocido. Sé un explorador, no sólo un pasajero. No te permitas quedar atrapado por la tradición, o no harás nada y no te convertirás en nadie. El nivel de éxito actual será tu máximo nivel de éxito. Y Dios, que no está atrapado dentro de la tradición, encontrará a alguien más para que haga lo que tú podrías haber hecho. *Usa la imaginación. Sueña en grande y encuentra nuevas formas de responder a las situaciones y a las responsabilidades presentes.* Luego descubrirás las posibilidades infinitas que te inspiran a tratar de alcanzar de forma continua logros mayores. Somos hijos del "Creador", quien nos creó para que fuéramos creativos. En ningún lugar de La Escritura Dios repitió un acto idéntico.

Reprímete de aceptar o creer: "Jamás lo hemos hecho de esa forma antes". Ahora es el momento de intentar algo diferente. La liberación de todo tu potencial requiere que vayas más allá de las tradiciones presentes del hogar, familia, trabajo e iglesia, básicamente, a lo largo de toda la vida. Para maximizarla, debes estar dispuesto a reemplazar tradiciones ineficaces por métodos nuevos.

11. Un ambiente incorrecto

Las verduras nutritivas no pueden crecer en un suelo pobre, ni el pescado saludable puede desarrollarse en aguas contaminadas. Así tampoco nosotros podemos maximizar el potencial en un ambiente incorrecto. Pablo habla acerca de este principio cuando dice: "*Las malas compañías corrompen las buenas costumbres*" (1 Corintios 15:33b).

Esto quiere decir que no importa qué tan buenas sean nuestras intenciones, si andamos en malas compañías, al final pensaremos y actuaremos en la forma en la que ellos lo hacen. No los cambiaremos, ellos nos cambiarán a nosotros.

Muchos sueños mueren porque son comentados a las personas incorrectas. José aprendió esa lección de una forma difícil. De hecho, terminó en un pozo y sus hermanos lo vendieron como esclavo, porque tenían celos del favoritismo del padre hacia él y estaban ofendidos por los sueños que lo colocaban por sobre ellos. Esto, en realidad, no es tan sorprendente debido a que los hermanos mayores rara vez disfrutan que los menores los dominen. Si José se hubiera guardado los sueños para sí, el resentimiento de los hermanos quizás no habría derivado en un plan para asesinarlo.

*Muchos sueños mueren porque son comentados
a las personas incorrectas.*

Recuerda, otros no ven lo que tu ves. No pueden comprender por completo la visión que Dios te ha dado. Protege el potencial al elegir con cuidado a aquellos con quienes comentas los sueños y aspiraciones, y al mantener un ambiente en el cual el potencial se pueda cumplir. Para maximizar la vida debes administrar el ambiente y la calidad de las personas y de los recursos que te influencian. La mayor responsabilidad que tienes es contigo mismo, no con otros.

12. Comparación

Muchos padres luchan con la tentación de comparar las fortalezas y debilidades de sus hijos con las habilidades y temperamentos de otros niños. Esta tendencia a comparar puede ser letal para el potencial, porque es capaz de producir tanto desánimo como falso orgullo. Ambos nos impiden convertirnos en todo lo que podemos ser. El desánimo nos distrae de intentar cosas nuevas debido a la falta de confianza en que podemos lograrlo. El falso orgullo pone en cortocircuito el potencial al darnos la ilusión de que ya hemos llegado.

Si, por ejemplo, te comparas con un artista que pinta paisajes hermosos y te lamentas de tu falta de habilidad artística, nunca descubrirás que tienes un talento natural para arreglar flores y convertirlas en ramilletes agradables. El hecho de que no puedas dibujar una flor no te impide hacer arreglos florales atractivos. De la misma forma, puedes sacrificar un record olímpico porque estás satisfecho con haber corrido 100 metros más rápido que tu hermano.

Siempre que comparas tus capacidades y habilidades con otros, ya sea de forma favorable o desfavorable, pierdes la oportunidad de convertirte en tu potencial debido, a que tratas de igualarte a personas que son diferentes. Dios te creó con una mezcla específica de personalidad, capacidades y habilidades para cumplir con *tu* propósito. Para maximizar la vida, debes comprender que eres único, original e irreemplazable. No hay comparación.

13. Oposición

Uno de los métodos que Satanás utiliza para acabar con nuestros más grandes sueños es hacer que busquemos un arreglo. Con mucha frecuencia esto sucede porque transigimos con la oposición. Si no nos puede detener, nos empujará a que hagamos un trato que no es de Dios. Entonces, no tenemos esperanza de lograr el objetivo porque tratamos de llevar a cabo la visión que Dios nos dio con valores y condiciones humanas. La oposición es natural en la vida y necesaria para volar. Si todos están de acuerdo con tu sueño, es probablemente una pesadilla.

Digamos que Dios te da una visión para que establezcas una agencia de adopción para ubicar a los huérfanos de la guerra. Debido a que no levantas la fundación con la rapidez que esperabas, comienzas a impacientarte y buscas fuentes adicionales de ingresos. Cuando un hombre de negocios de la zona te ofrece su ayuda, aceptas con entusiasmo los regalos.

Al principio, el arreglo funciona bien, pero cuando el hombre de negocios exige un lugar en la junta directiva de la agencia y comienza a imponer a quién se puede proponer para la adopción y quiénes pueden ser los padres adoptivos, empiezas a preguntarte si fue sabia la decisión de aceptar grandes sumas de dinero de parte de él. No obstante, para salvaguardar el apoyo financiero que recibes de él, aceptas sus condiciones. Al hacerlo, comprometes tu visión. Para llevar a cabo la visión que tienes en la vida, por lo general, tendrás que nadar hacia arriba contra la corriente de la opinión popular. La oposición es la prueba de que nadas, no flotas.

La visión que acepta arreglos siempre mata el potencial, porque una visión que trata de hacer algo fuera de las directrices de Dios no puede revelar su poder. Toma tu sueño y estate dispuesto a morir por él. Este es un requisito para maximizar el potencial. Para maximizar la vida debes aceptar y comprender la naturaleza y el valor de la oposición.

14. La presión de la sociedad

Finalmente, la presión de los parámetros y las expectativas de la sociedad son una amenaza al potencial. La palabra *sociedad* viene de la misma raíz latina que la palabra *social*, que significa "compañía" y finaliza con el sufijo *dad*, que significa "el estado o condición de algo". De este modo, sociedad quiere decir "la condición de compañero", y se refiere a las personas con las que nos asociamos con frecuencia.

Las personas con las que nos asociamos, si hacen juicios basados en la edad, raza, estado financiero, ascendencia y educación, nos pueden presionar para que renunciemos a un sueño debido a que no creen que podemos lograrlo: "Tu papá no fue nadie, por eso no espero que llegues a nada tampoco". "¿Vas a empezar un negocio a tu edad? Eso es para la gente joven". "Sólo los blancos viven en casas de lujo". "¡No permiten que los alemanes, vietnamitas, japoneses, italianos, puertorriqueños vivan en ese barrio!". "No puedes administrar un restaurante. ¡Nunca terminaste la escuela secundaria!". "¡Ninguna mujer jamás va a ser presidenta de tu país!".

Dios no piensa de esa forma. Fue hacia donde estaba Sara cuando ella tenía casi cien años y le dijo que tendría un hijo. Imagínate decirle a los vecinos que vas a tener tu primer bebé a esa edad. Se reirían de ti y ridiculizarían tu sueño de ser madre.

La risa y el ridículo matan muchos sueños, pero el tuyo no tiene que morir. Atrévete a ser diferente. Logra algo. Confía en lo que Dios dice y no en las expectativas de la sociedad. "Nunca" *dura hasta la primera vez que cambia.* Sólo permanece hasta que la persona se niega a permitir que los mandatos de la sociedad aplasten su sueño.

A aquellos que dicen "Yo puedo" no les importa cuántas personas les digan "No puedes" transformar los sueños en realidad. Han aprendido la prioridad de permanecer fieles a la visión y han desarrollado la fortaleza interna para confiar en Dios cuando la sociedad los empuja para que abandonen el objetivo. Son los que maximizan el potencial.

UN TESORO QUE VALE LA PENA MAXIMIZAR

Cuando Pablo describió el potencial como *"un tesoro en vasijas de barro"* (2 Corintios 4:7), reconoció que descubrir y exponer ese tesoro no siempre es una tarea fácil.

Nos vemos atribulados en todo, pero no abatidos; perplejos, pero no desesperados; perseguidos, pero no abandonados; derribados, pero no destruidos.

—2 CORINTIOS 4:8-9

Enfrentó el desánimo, el fracaso, la oposición, las opiniones negativas y las tradiciones antiguas que lo podrían haber llevado a renunciar a su potencial y a abandonar por completo el propósito de Dios para su vida.

No obstante, afirmó que este tesoro significa que *"tan sublime poder viene de Dios y no de nosotros"* (2 Corintios 4:7). Pablo perseveró hasta el final. Se apoyaba en el poder de Dios para lograr lo que Dios había planeado para él. Al igual que Juan, se mantuvo firme en su fe de que *"el que está en* [mí] *es más poderoso que el que está en el mundo"* (1 Juan 4:4b) y en la convicción de que su Pastor tendría cuidado de él:

Mis ovejas oyen mi voz; yo las conozco y ellas me siguen. Yo les doy vida eterna, y nunca perecerán, ni nadie podrá arrebatármelas de la mano. Mi Padre, que me las ha dado, es más grande que todos; y de la mano del Padre nadie las puede arrebatar.

—JUAN 10:27-29

Tú también debes confiar en Dios y cooperar con Él para llevar a cabo todos los sueños que te da y para alcanzar todos los objetivos que establece delante de ti. Sí, Satanás usará a los enemigos de tu potencial para destruir el poder de Dios que está dentro de ti, pero no eres cautivo de sus métodos. Puedes elegir protegerte del ataque, cultivar las posibilidades que aún puedes lograr, usar los talentos, capacidades y habilidades para el bien de otros y vivir dentro de las leyes de limitación que determinan en quién te puedes convertir. Estas claves para maximizar el potencial, junto con las claves para liberarlo, admiten tanto la dependencia de Dios como la responsabilidad de confiar en Él y cooperar con Él mientras trabaja en y a través de ti.

Mientras esperamos que una planta o un árbol crezcan de una semilla porque sabemos que existe, de la misma forma Dios da lugar a la riqueza de nuestro potencial. Espera que llevemos fruto que muestre su potencia. Practicar las claves que maximizan el potencial y reconocer los enemigos del potencial, son pasos esenciales en el viaje de convertirnos en quienes somos.

CLAVES PARA MAXIMIZAR EL POTENCIAL

1. Debes guardar y proteger el potencial.

2. Debes cultivar y alimentar el potencial.

3. Debes comprender y obedecer las leyes de limitación que gobiernan el potencial.

4. Debes compartir el potencial.

PRINCIPIOS

1. La visión se puede abortar.

2. Satanás es tu enemigo. Tus sueños, planes e ideas son los objetivos de sus fuerzas del mal.

3. Ten cuidado de los enemigos del potencial:

   · Desobediencia
   · Pecado
   · Temor
   · Desánimo
   · Postergación
   · Fracasos pasados
   · Las opiniones de otros
   · Distracciones
   · Éxitos
   · Tradición
   · Un ambiente incorrecto
   · Comparación
   · Oposición
   · Presión de la sociedad

4. El poder de Dios es más fuerte que todos los enemigos del potencial.

Capítulo 4

Custodia y protege tu potencial

Fuiste creado para actuar para una
audiencia de uno, ¡el Señor Jesucristo!

El niño suspiró con satisfacción mientras la última de las cuatro torres se mantenía firme y alta. Ahora todo lo que tenía que hacer para terminar el castillo de arena era dibujar el diseño en la cima de las paredes. Mientras trabajaba, vio las olas que se acercaban. En poco tiempo, estarían sobre el castillo. El oleaje había estado muy lejos de la arena donde comenzó a construir cuatro horas antes, pero sabía que vendría el momento en que las olas se acercarían al lugar donde trabajó. Por lo tanto, había construido un gran foso defensivo con una abertura hacia el mar, para ayudar a que el agua se quedara allí en vez de que llegara sobre todo el castillo. Esperaba que el pozo protegiera el castillo por unos minutos antes de que las olas lo destruyeran por completo.

Mientras terminaba la última de las paredes, el niño también le echaba un ojo a la hermana menor. Dos veces había venido a "ayudarlo". La primera vez había destrozado toda la sección de la pared con la pala antes de que pudiera detenerla. La última, había estado alerta y la había visto venir. Por lo tanto, había protegido el castillo de una destrucción mayor al tomarle la mano. Ahora estaba alerta contra el ataque de su hermana porque sabía que el momento que tanto había esperado al construir el castillo estaba a punto de llegar. El agua en breve llenaría el pozo. Debido a que había planeado jugar con los botes en el pozo del castillo, el niño esperaba que el pozo fuera lo suficientemente ancho y profundo como para impedir que las primeras olas destruyeran el trabajo de toda su mañana.

LAS DOS ETAPAS DE LA DEFENSA

El niño que construía el castillo de arena era sabio. Reconoció a las olas que se acercaban y a la ayuda ineficaz de su hermana como los enemigos del objetivo de construir un castillo y jugar con los botes en el pozo, y lo defendió contra esto.

La defensa de algo sucede en dos etapas. El primer paso del niño era *custodiar* el castillo al construir un pozo ancho y profundo que impidiera que las primeras olas lo barrieran y estar atento tanto a las olas como a su hermana, para poder ver cuando vinieran y, de esta forma, tener la oportunidad de defenderse del ataque.

El acto de custodiar es algo preventivo por naturaleza. Sucede cuando la posibilidad de un ataque está presente, pero antes de que la amenaza esté activa y cerca. Al reconocer la existencia de un enemigo que quiere robar o destruir el tesoro, el que guarda vigila el tesoro para salvaguardarlo del daño o de la pérdida. Lo hace al tomar precauciones contra un ataque y al velar para que el enemigo no pueda deslizarse sobre él y atraparlo desprevenido. Custodiar nos lleva al segundo paso de defensa: la acción necesaria cuando un enemigo se para sobre el límite establecido y amenaza el tesoro.

El acto de custodiar sucede cuando la posibilidad de un ataque está presente, pero antes de que la amenaza esté activa y cerca.

Este segundo paso de defensa es *proteger*. La *protección* es la defensa activa en el medio de una agresión. Implementa el plan preestablecido para preservar el tesoro del daño o del peligro. El niño protegió el castillo cuando tomó la mano de la hermana para que no lo arruinara.

La protección es la defensa activa en el medio de una agresión.

SOMOS RESPONSABLES DE DEFENDER NUESTRO TESORO

La protección y la custodia van de la mano. Una sin la otra presentan una resistencia débil al ladrón que trata de robar el tesoro. La responsabilidad de esta resistencia yace en el recipiente del tesoro. Dios no le dijo al cielo ni a los ángeles que protegieran el jardín. Le dijo a Adán que lo hiciera. De forma similar, el apóstol Pablo exhortó a Timoteo, no a su madre ni a su abuela, a defender el tesoro que había recibido:

> *Timoteo, hijo mío, te doy este encargo porque tengo en cuenta las profecías que antes se hicieron acerca de ti. Deseo que, apoyado en ellas, pelees la buena batalla y mantengas la fe y una buena conciencia. Por no hacerle caso a su conciencia, algunos han naufragado en la fe.*
> —1 TIMOTEO 1:18-19

Esta defensa comienza con la comprensión del tesoro que hemos recibido de Dios y se ejercita en la lucha para cuidar lo que hemos recibido. Este tesoro es tanto la sabiduría y el poder de Dios dentro de nosotros (el potencial) como el regalo de su Espíritu.

¿QUÉ ES LO QUE DEBEMOS DEFENDER?

Como hemos visto, Dios deposita un tesoro en cada persona que crea. Este tesoro es: a) la sabiduría y el conocimiento de Dios con respecto a quién es Él, quiénes somos nosotros y de qué forma debemos vivir en relación con Él; b) el poder de Dios que trabajó en la creación a través de la palabra hablada y que, incluso, en la actualidad, genera belleza en medio del caos; y c) el Espíritu de Dios que vive dentro de los corazones. Dios se revela a sí mismo a nosotros y nos corona con su potencia, poder, autoridad y fuerza para lograr de forma efectiva lo que desea. "*Pero tenemos este tesoro en vasijas de barro para que se vea que tan sublime poder viene de Dios y no de nosotros*" (2 Corintios 4:7).

Esta potencia de Dios dentro de nosotros, el potencial, es el tesoro que debemos defender. El tesoro es la inversión de visión y propósito que Dios ha hecho en nuestra vida, con la intención de mostrar su gloria y de llevarla para Él.

El tesoro de la sabiduría y el conocimiento de Dios

El profeta Isaías reconoció la sabiduría de Dios como un tesoro, al igual que los salmistas y el rey Salomón. También estuvieron de acuerdo en que el temor del Señor es la clave para este tesoro:

Él será la seguridad de tus tiempos, te dará en abundancia salvación, sabiduría y conocimiento; el temor del Señor será tu tesoro.

—ISAÍAS 33:6

El principio de la sabiduría es el temor del Señor; buen juicio demuestran quienes cumplen sus preceptos.

—SALMO 111:10A (ver también Proverbios 1:7)

Hijo mío, si haces tuyas mis palabras y atesoras mis mandamientos; si tu oído inclinas hacia la sabiduría y de corazón te entregas a la inteligencia; si llamas a la inteligencia y pides discernimiento; si la buscas como a la plata, como a un tesoro escondido, entonces comprenderás el temor del Señor y hallarás el conocimiento de Dios. Porque el Señor da la sabiduría; conocimiento y ciencia brotan de sus labios.

—PROVERBIOS 2:1-6

¿Qué es lo que significa temer al Señor? Los salmistas comparan a quienes temen a Dios con aquellos que *"esperan en su gran amor"* (Salmo 33:18), *"que conocen tus estatutos"* (Salmo 119:79) y *"que van por sus caminos"* (Salmo 128:1). También comparan el temer a Dios con confiar en Él (ver Salmo 40:3; 115:11) y aconsejan a quien quiera entender el temor del Señor *"que se aparte del mal y haga el bien; que busque la paz y la siga"* (ver Salmo 34:11,14). Salomón iguala el temer al Señor al huir del mal (ver Proverbios 3:7; 8:13) y el odio al conocimiento con *la falta de temor* al Señor (ver Proverbios 1:29). *Por lo* tanto, temer al Señor es confiar en Él y obedecerlo. Al hacerlo, defendemos el depósito de su sabiduría y conocimiento dentro de nosotros.

Pablo se refiere a la sabiduría de Dios dentro de nosotros como una *"sabiduría que ha estado escondida"* (1 Corintios 2:7), porque el hombre pecador no puede saber ni comprender los pensamientos y el sentir de Dios hacia sus hijos. Sólo cuando vamos a Dios a través de la fe en Jesucristo y *"de este crucificado"* (1 Corintios 2:2) y a través de la presencia del Espíritu Santo en el corazón (ver 1 Corintios 2:9-16) tenemos el privilegio de entender los pensamientos de Dios hacia nosotros.

Isaías reconoció esta diferencia entre los pensamientos de Dios y los de nosotros:

> *Porque mis pensamientos no son los de ustedes, ni sus caminos son los míos —afirma el SEÑOR—. Mis caminos y mis pensamientos son más altos que los de ustedes; ¡más altos que los cielos sobre la tierra! Así como la lluvia y la nieve descienden del cielo, y no vuelven allá sin regar antes la tierra y hacerla fecundar y germinar para que dé semilla al que siembra y pan al que come, así es también la palabra que sale de mi boca: No volverá a mí vacía, sino que hará lo que yo deseo y cumplirá con mis propósitos.*
>
> —ISAÍAS 55:8-11

Esta sabiduría de Dios es un tesoro que se debe apreciar mucho y defender. Los pensamientos que tiene hacia nosotros son buenos, y el conocimiento de nosotros es perfecto. Ve más allá de las vasijas de barro y ve su sabiduría dentro de nosotros y le da lugar a lo que ve. Cuando aprendemos a ver de la forma en la que Dios lo hace y a vivir desde su perspectiva, comenzamos a entender este tesoro de la sabiduría y la importancia de salvaguardarla de las trampas del diablo. Pablo escribió acerca de esto a Timoteo:

> *Timoteo, ¡cuida bien lo que se te ha confiado! Evita las discusiones profanas e inútiles, y los argumentos de la falsa ciencia. Algunos, por abrazarla, se han desviado de la fe...*
>
> —1 TIMOTEO 6:20-21

*Dios ve más allá de las vasijas de barro y ve su sabiduría
dentro de nosotros y le da lugar a lo que ve.*

La sabiduría de Dios nunca se igualará con las formas del mundo:

Pues está escrito: «Destruiré la sabiduría de los sabios; frustraré la inteligencia de los inteligentes.» ¿Dónde está el sabio? ¿Dónde el erudito? ¿Dónde el filósofo de esta época? ¿No ha convertido Dios en locura la sabiduría de este mundo?

—1 Corintios 1:19-20

Debemos ser cuidadosos de salvaguardar el conocimiento de Dios dentro de nosotros para que podamos ver la perfección y la belleza de los planes y propósitos que tiene para nuestra vida.

Tristemente, Satanás influencia a muchas personas para que cierren sus ojos y se alejen de la visión porque no creen lo que ven. Conocen el potencial que contienen, en lo que se pueden convertir, todos los objetivos que pueden lograr y las ideas que pueden llevar a cabo, pero no lo hacen. Esta es la razón por la que Pablo nos instruye al respecto: "llevamos cautivo todo pensamiento para que se someta a Cristo" (2 Corintios 10:5).

Cuando llevamos los pensamientos a Jesús y los sujetamos a Él, combatimos la estrategia de Satanás y desenmascaramos su engaño. Jesús, quien conoce tanto las obras del diablo como el potencial que Dios construye en cada ser humano, limpia nuestra vista y nos capacita para ver de forma correcta a través de los ojos de la fe y de la esperanza. Este es el principio de la sabiduría.

El tesoro del poder de Dios

Dios también ha depositado su poder dentro de nosotros. Pablo habló de este poder como el medio por el cual Dios obra la salvación en nosotros: "… *no me avergüenzo del evangelio, pues es poder de Dios para la salvación de todos los que creen…*" (Romanos 1:16). Y describe con cuidado esta salvación como "*demostración del poder del Espíritu, para que la fe de ustedes no dependiera de la sabiduría humana sino del poder de Dios"* (1 Corintios 2:4b-5).

De forma similar, Pedro y Juan entendieron que el poder de Dios era el secreto detrás de su propio poder:

> *... Pueblo de Israel, ¿por qué les sorprende lo que ha pasado? ¿Por qué nos miran como si, por nuestro propio poder o virtud, hubiéramos hecho caminar a este hombre?(...) Por la fe en el nombre de Jesús, él ha restablecido a este hombre a quien ustedes ven y conocen.*
>
> —HECHOS 3:12,16A

Dios no quiere que sólo *sepamos* quiénes somos en Él, quiere que nos *convirtamos* en eso. Esto sucede cuando asimos su poder y lo hacemos nuestro. Siempre debemos tener cuidado de *"que se vea que tan sublime poder viene de Dios y no de nosotros"* (2 Corintios 4:7). Incluso, cuando no entendemos de qué forma trabaja Dios en nuestra vida o qué es lo que trata de llevar a cabo, podemos hacer grandes cosas cuando cooperamos con su poder. Esto es verdad, porque el potencial es la visión en un estado inactivo que se puede activar debido a la fe que tenemos en el poder de Dios. Si somos hijos de Dios, nuestro objetivo mayor en la vida debería ser el de parecernos a nuestro Padre.

···

Dios no quiere que sólo sepamos quiénes somos en Él, quiere que nos convirtamos en eso.

···

Cada vez que vemos que nos consideramos algo, hacemos algo o vamos a algún lugar y creemos que el poder de Dios en nosotros nos traerá este atisbo del potencial para avanzar, explotamos el poder de Dios para que cumpla con su voluntad. Este poder de Dios trabaja en nosotros para salvarnos y llamarnos a una vida santa en Cristo Jesús (ver 1 Corintios 2:1-5 y 2 Timoteo 1:8-10).

Satanás sabe que Dios *"... puede hacer muchísimo más que todo lo que podamos imaginarnos o pedir, por el poder que obra eficazmente en nosotros..."* (Efesios 3:20). Por eso, se ve amenazado por el potencial que es transformado por este poder. Por lo tanto, de forma diligente debemos defender el poder de Dios dentro de nosotros, para que nuestra visión se convierta en misión y la potencia de Dios se pueda revelar en nosotros. El poder de Dios en nosotros es un segundo tesoro que se debe defender de los planes del diablo.

El tesoro del Espíritu Santo

Pablo también identifica el Espíritu Santo como el depósito o tesoro dentro de nosotros que debemos guardar.

> *Dios es el que nos mantiene firmes en Cristo, tanto a nosotros como a ustedes. Él nos ungió, nos selló como propiedad suya y puso su Espíritu en nuestro corazón, como garantía de sus promesas.*
>
> —2 CORINTIOS 1:21-22

> *Es Dios quien nos ha hecho para este fin y nos ha dado su Espíritu como garantía de sus promesas.*
>
> —2 CORINTIOS 5:5

El Espíritu Santo revela la sabiduría y poder de Dios en nosotros y, asimismo, garantiza que recibiremos todo lo que Dios ha planeado para aquellos que buscan su sabiduría y viven por su poder. Su presencia en nuestras vidas es un depósito importante, porque es la clave para aprovechar la mina de sabiduría y poder de Dios. No podemos comprender y aplicar la sabiduría de Dios sin el Espíritu Santo; ni tampoco podemos vivir por su poder. Él es el consejero para enseñarnos todas las cosas (ver Juan 14:26), el examinador de nuestros corazones para revelarnos las cosas profundas de Dios (ver 1 Corintios 2:9-11) y Aquel que testifica que somos hijos de Dios (ver Romanos 8:16). A través de Él conocemos los pensamientos de Dios y comprendemos lo que nos ha dado.

Nosotros no hemos recibido el espíritu del mundo sino el Espíritu que procede de Dios, para que entendamos lo que por su gracia él nos ha concedido (...) El que no tiene el Espíritu no acepta lo que procede del Espíritu de Dios, pues para él es locura. No puede entenderlo, porque hay que discernirlo espiritualmente.

—1 CORINTIOS 2:12,14

EL TESORO DEL POTENCIAL

Básicamente, la sabiduría, el poder y el Espíritu de Dios son el tesoro que debemos salvaguardar. Son un depósito de Él en nosotros para que podamos actuar y funcionar como Él y participar en su obra. Juntos son nuestro potencial, la fuente de los sueños y visiones. Debemos recordar, no obstante, que tener este depósito de Dios no significa que lo guardaremos.

Todas las grandes cosas que Dios ha puesto dentro de nosotros: visiones, sueños, planes y talentos, son los objetivos de Satanás. Él le teme a los hombres y mujeres que tienen fe en la sabiduría y poder de Dios, porque toman las visiones y las traducen en acción. No sólo establecen metas, hacen que sucedan.

....

Todas las grandes cosas que Dios ha puesto dentro de nosotros: visiones, sueños, planes y talentos, son los objetivos de Satanás.

....

El engañador teme al tesoro que poseemos. Las tácticas destructivas y las influencias engañosas que Satanás tiene, vienen a nuestra vida para anular y hacer caer en una trampa todo lo que Dios nos ha dado. No nos va a permitir cumplir con el potencial sin oponernos resistencia. De hecho, el ataque es tan severo que Pablo aconsejó a Timoteo que buscara la ayuda del Espíritu Santo para enfrentarlo y vencerlo: "*Con el poder del Espíritu Santo que vive en nosotros, cuida la preciosa enseñanza que se te ha confiado*" (2 Timoteo 1:14).

¡No tengas temor! Dios nos ha dado todo lo que necesitamos para salvaguardar la riqueza oculta de los planes y contrarrestar el engaño del diablo. Debemos ser cuidadosos, sin embargo, de no confiar en armas de fuerza y en sabiduría humana. No podemos azotar al enemigo por nuestra cuenta: *"Pues la locura de Dios es más sabia que la sabiduría humana, y la debilidad de Dios es más fuerte que la fuerza humana"* (1 Corintios 1:25). Sólo cuando nos fortalecemos *"con el gran poder del Señor"* (Efesios 6:10) podemos mantenernos firmes frente al ataque de Satanás contra nosotros. El Espíritu Santo, a quien Jesús envió cuando lo recibimos como Salvador, es nuestro Ayudador.

EL PLAN DE DIOS PARA LA DEFENSA

Porque nuestra lucha no es contra seres humanos, sino contra poderes, contra autoridades, contra potestades que dominan este mundo de tinieblas, contra fuerzas espirituales malignas en las regiones celestiales. Por lo tanto, pónganse toda la armadura de Dios, para que cuando llegue el día malo puedan resistir hasta el fin con firmeza. Manténganse firmes, ceñidos con el cinturón de la verdad, protegidos por la coraza de justicia, y calzados con la disposición de proclamar el evangelio de la paz. Además de todo esto, tomen el escudo de la fe, con el cual pueden apagar todas las flechas encendidas del maligno. Tomen el casco de la salvación y la espada del Espíritu, que es la palabra de Dios. Oren en el Espíritu en todo momento, con peticiones y ruegos. Manténganse alerta...

—EFESIOS 6:12-18

La descripción de la armadura de Dios detalla un plan para guardar y proteger tu vida contra la invasión de Satanás. Debes entender las condiciones de este plan y ponerlas en práctica si quieres defender tu potencial.

Reconoce a los enemigos como fuerzas espirituales del mal

Primero, reconoce a tu enemigo como las fuerzas espirituales de maldad: *"Porque nuestra lucha no es contra seres humanos, sino (...)*

contra potestades que dominan este mundo de tinieblas, contra fuerzas espirituales malignas en las regiones celestiales". Lo que parece ser un conflicto de personalidades o una diferencia de valores, bien podría ser una batalla en un nivel más básico. El desánimo, la oposición, la crítica y los otros enemigos del potencial son la obra de las fuerzas del mal a través de aquellos que están cerca de ti. Aprende a reconocer y combatir estos obstáculos por lo que son.

Aprende a reconocer y combatir los enemigos del potencial.

Las Escrituras están llenas de ejemplos de la obra del diablo. La madre y la hermana de Moisés confiaron en que el poder de Dios lo salvaría de la muerte, cuando la vida de Moisés se vio amenazada por el decreto del faraón de Egipto por el que todos los niños israelitas debían morir al nacer. Dado que la madre lo había escondido por tres meses, pero ya no lo podía esconder más, lo puso en una canasta y la colocó entre las cañas del río Nilo. La hermana observó a la distancia para ver qué le sucedería. Cuando la hija del Faraón lo encontró y sintió pena por él, la hermana de Moisés lo trajo a su madre para que lo cuidara (ver Éxodo 2:1-10). De esta forma, Moisés fue salvado del plan homicida del faraón.

José era un muchacho cuando sus hermanos hicieron un complot en su contra. Después de haberlo vendido a la esclavitud en vez de matarlo, José tuvo que soportar muchas adversidades que podrían haber impedido que su potencial se revelara y ejercitara. Primero, se lo acusó falsamente de seducir a la esposa de su amo, por lo tanto, lo enviaron a prisión; después, aquellos a quienes ayudó lo olvidaron. Aún José permaneció fiel a Dios y continuó confiando en Él. No permitió que sus enemigos, el desánimo, la oposición y las opiniones negativas de otro, destruyeran los sueños que Dios le había dado.

Después de muchos años, José fue puesto en una posición de gran preeminencia debido a que interpretó los sueños del faraón. Por lo tanto, su potencial para interpretar los sueños y administrar de forma sabia, se usó de manera eficaz, y el propósito de preservar la familia de su padre Jacob en el medio de una hambruna severa se cumplió (ver Génesis 37-47).

El rey Saúl trató de matar a David muchas veces. Después de que Saúl desobedeció a Dios y Dios eligió a David para que lo reemplazara como rey: *"El Espíritu del Señor se apartó de Saúl, y en su lugar el Señor le envió un espíritu maligno para que lo atormentara"* (1 Samuel 16:14). Cuando era joven, David fue a la casa de Saúl para calmarlo con el sonido del arpa. Debido a que encontró favor en Saúl, David se convirtió en uno de los escuderos de Saúl.

Antes de que pasara mucho tiempo, David se metió en problemas. Como se convirtió en un gran guerrero y creció en popularidad, Saúl se puso celoso. Un día Saúl arrojó un arpón a David. En otra ocasión envió a sus hombres a la casa de David para que lo mataran. A pesar de que David escapó, pasó muchos años como fugitivo, tratando de evitar la muerte de manos de Saúl. El desánimo, el temor, la soledad, las distracciones, las opiniones negativas y la presión de otros formaron parte de todos esos años. Sin embargo, David confió en que Dios cumpliría la promesa que había recibido al ser ungido por Samuel para ser rey. Cuando llegó el momento, David cumplió su potencial y se convirtió en el rey más grande de la historia de Israel.

A pesar de que la muerte es la manera favorita de Satanás para destruir el potencial, con seguridad tratará de enredarte con uno de los enemigos de éste. Mantente alerta para reconocerlos por lo que son: los ataques del diablo a tu potencial.

Anticípate al ataque de Satanás

Pablo sabía que el ataque del diablo es inevitable. Por lo tanto, les dijo a los efesios que se pusieran toda la armadura de Dios para que pudieran resistir cuando el día del mal llegara. Quería que se anticiparan al problema, entonces, estarían preparados para enfrentarlo cuando surgiera.

Sin importar lo que hagas, siempre tendrás críticos. Esto es así, porque algunas personas no pueden soportar ver que otros tienen éxito. Cuando no haces nada no eres un problema para ellos, pero cuando comienzas a cumplir los sueños y visiones, atraerás su atención. A la gente no le importas hasta que comienzas a hacer algo grande.

....

Sin importar lo que hagas, siempre tendrás críticos.

....

Esta oposición sucede con frecuencia porque los críticos no hacen nada. Aquellos que ejercitan sus propios sueños no tienen por qué sentirse amenazados por tus logros. Están demasiado ocupados como para experimentar celos y demasiado confiados como para preocuparse por la forma en la que tu éxito los podría afectar. Por lo tanto, debes tener cuidado de aquellos que no hacen nada con su potencial. Ellos serán tus mayores críticos.

Aprende a esperar su oposición y a sobreponerte. Rehúsate a quedar atraído por las controversias insignificantes o a permitir que sus palabras o acciones influencien tu autoestima o comportamiento. *Cada sueño del que hablas tiene el potencial de provocar celos, entonces, ten cuidado con quién los comentas.* A veces, debes guardar el sueño para ti mismo porque ninguna otra persona lo puede entender. De hecho, tus sueños pueden sonar graciosos o pretenciosos para otros.

Sólo persevera con aquello que debes hacer hoy para alcanzar lo que eres después, y deja que aquellos que no van a ningún lado vayan allí sin ti. Otros que buscan su propósito y maximizan su potencial entenderán tu comportamiento, incluso, si no pueden comprender tu visión en particular. Encuéntralos y disfruta de su compañía, porque aquellos que van hacia algún lugar es más probable que te apoyen en el viaje. Este es un factor esencial para cuidar el potencial.

Prepárate para vencer a Satanás

Una forma en la que te puedes preparar para defender tu potencial es al tomar decisiones sabias. Considera cuidadosamente con quién te asocias y dónde pasas el tiempo. Examina el material que lees y de qué formas pasas el día. Sé cauteloso respecto a con quién hablas de tus sueños, si es que los haces.

Una segunda prioridad al prepararte para enfrentar el ataque del diablo es estar seguro de que tu visión viene de Dios. No evoques tus propias ideas. Si contradicen La Palabra de Dios, sabes que las ideas no vienen de Dios. Él no negará sus palabras. Los sueños falsos y las profecías ficticias son formas seguras para perder tu potencial. Satanás te distraerá en todas las formas que pueda. Prepárate para el ataque al estar en comunión cercana con Dios y al buscar su conocimiento y sabiduría.

Un tercer método para fortificarte contra el ataque del diablo es buscar la disciplina y dirección de Dios en tu vida. Sé sincero en las relaciones. Actúa con justicia y virtud. Vive en paz en la medida que te sea posible, sé cuidadoso, no obstante, a fin de no comprometer la lealtad y la obediencia a Dios y a su Palabra. Busca su corrección cuando hayas fallado y regocíjate en el dolor: *"porque sabemos que el sufrimiento produce perseverancia; la perseverancia, entereza de carácter; la entereza de carácter, esperanza. Y esta esperanza no nos defrauda..."* (Romanos 5:3b-5). Dios honrará tus esfuerzos para obedecerlo y, al hacerlo, cuidarás tu potencial.

Párate firme en el medio de un ataque

Tarde o temprano, Satanás va a pasar por encima de los límites de tu defensa y vas a estar bajo ataque. Entonces, es el momento de pasar de custodiar el potencial a protegerlo. Pablo exhortó a los efesios para que resistieran con firmeza hasta el fin (ver Efesios 6:13). La perseverancia es la clave. Podrás no ganar la guerra en una batalla, pero puedes permanecer firme en el medio de cada ataque.

Abraham, José, Moisés, David, Pablo: todos perseveraron a través de numerosas batallas para salir victoriosos. A veces, vacilaban y fracasaban, pero siempre regresaban a la batalla. Tú también debes perseverar cuando las fuerzas del mal amenazan con abrumarte para destruir el potencial. La historia de Nehemías ofrece algunas pistas acerca de cómo hacer esto.

CÓMO PROTEGERTE DEL ATAQUE

Nehemías, un hombre común, tenía un trabajo como copero del rey persa en cuya tierra estaba exiliado. Cuando oyó acerca de las condiciones difíciles de sus antiguos compatriotas que no habían sido llevados al exilio y el estado lamentable de la ciudad de Jerusalén, se acongojó por ellos y le pidió ayuda a Dios para regresar a Jerusalén para reconstruir la ciudad. Dios oyó su oración y le otorgó el favor ante la vista del rey, quien, entonces, dio a Nehemías tanto el permiso para regresar a Jerusalén como los recursos para comenzar la reconstrucción de la ciudad.

No todos, sin embargo, estaban felices con el hecho de que Nehemías estuviera interesado en el bienestar de la ciudad y de sus habitantes.

> *Pero al oír que alguien había llegado a ayudar a los israelitas, Sambalat el horonita y Tobías el siervo amonita se disgustaron mucho.*
>
> —NEHEMÍAS 2:10

A pesar de que Nehemías trataba de hacer algo beneficioso, estos compañeros estaban enojados debido a estos planes. Por eso, comenzaron a causarle problemas.

> *—Pero, ¿qué están haciendo? ¿Acaso pretenden rebelarse contra el rey?*
>
> —NEHEMÍAS 2:19B

Pero a Nehemías no lo iban a hacer cambiar de opinión. Reunió a los obreros y comenzó a reconstruir las puertas y los muros de Jerusalén. Esto encolerizó aun más a Sambalat, quien, entonces, comenzó a ridiculizar a los judíos:

> *—¿Qué están haciendo estos miserables judíos? ¿Creen que se les va a dejar que reconstruyan y que vuelvan a ofrecer sacrificios? ¿Piensan acaso*

terminar en un solo día? ¿Cómo creen que de esas piedras quemadas, de esos escombros, van a hacer algo nuevo?
—NEHEMÍAS 4:2B

Tobías se unió a la burla:

—¡Hasta una zorra, si se sube a ese montón de piedras, lo echa abajo!
—NEHEMÍAS 4:3B

Nehemías no respondió a esta humillación. En cambio, se volvió al Señor en oración (ver Nehemías 4:4-5) y continuó con el trabajo. Esto ilustra la primera pauta para proteger el potencial. No respondas a los críticos.

Existen muchos niveles de enojo. Al principio, la persona que te critica puede sentirse molesta contigo, pero si persistes en el trabajo se llenará de cólera. Sambalat, Tobías y sus socios se llenaron de cólera por el trabajo continuo en los muros de Jerusalén y se comprometieron a destruir el potencial de Nehemías y de los otros trabajadores que reconstruían la ciudad.

Y acordaron [Sambalat y sus cómplices] atacar a Jerusalén y provocar disturbios en ella. Oramos [Nehemías y los otros trabajadores] entonces a nuestro Dios y decidimos montar guardia día y noche para defendernos de ellos.
—NEHEMÍAS 4:8-9, ÉNFASIS AÑADIDO

Nehemías respondió a esta nueva amenaza de la misma forma que había respondido a la última. Oró a Dios en vez de responder a quienes lo criticaban. También agregó una segunda línea de defensa. Montó una guardia. Esta es la segunda pauta para proteger el potencial. Monta una guardia para reducir la probabilidad del ataque.

Una vez que nuestros enemigos se dieron cuenta de que conocíamos sus

intenciones y de que Dios había frustrado sus planes, todos regresamos a
la muralla, cada uno a su trabajo.

—Nehemías 4:15

Esto revela una tercera forma de proteger el potencial de un ataque. Permítele a Dios que luche por ti. Los trabajadores se mantuvieron en guardia, pero Dios frustró los planes de los atacantes. Los israelitas confiaron en que Él lucharía por ellos. *"Por eso, al oír el toque de alarma, cerremos filas. ¡Nuestro Dios peleará por nosotros!"* (Nehemías 4:20).

Por un tiempo, Nehemías y los ayudantes trabajaron en paz. Sin embargo, no bajaron la guardia.

A partir de aquel día la mitad de mi gente trabajaba en la obra, mientras la otra mitad permanecía armada con lanzas, escudos, arcos y corazas. Los jefes estaban pendientes de toda la gente de Judá. Tanto los que reconstruían la muralla como los que acarreaban los materiales, no descuidaban ni la obra ni la defensa. Todos los que trabajaban en la reconstrucción llevaban la espada a la cintura.

—Nehemías 4:16-18A

Por lo tanto, emplearon un cuarto recurso para proteger el potencial del ataque. No permitas que un período de calma en la batalla te convenza de que la guerra ha terminado. No confundas la quietud con la paz.

Finalmente, cuando los enemigos de Nehemías oyeron que habían reconstruido por completo la pared, enviaron un mensaje para pedir un encuentro: *"Tenemos que reunirnos contigo en alguna de las poblaciones..."* (Nehemías 6:2b).

Nehemías, al reconocer que era una clase diferente de ataque, respondió sabiamente:

En realidad, lo que planeaban era hacerme daño. Así que envié unos mensajeros a decirles: «Estoy ocupado en una gran obra, y no puedo ir. Si bajara yo a reunirme con ustedes, la obra se vería interrumpida».

—NEHEMÍAS 6:2C-3

Esta respuesta revela un quinto y un sexto recurso para proteger el potencial de un ataque. Primero, Nehemías envió a un mensajero en vez de ir él mismo cuando los enemigos lo citaron. *Aléjate de la oposición.* Segundo, se rehusó a dejar de trabajar para hablar. No pierdas tiempo al hablar.

Incluso, cuando Sambalat envió cartas, cuatro o cinco veces, para pedir a Nehemías que fuera al pueblo a hablar y trató de intimidarlo al sugerirle que pronto estaría en problemas con el rey de Persia, Nehemías permaneció en su postura. Otra vez envió una carta en vez de ir él mismo y acusó a los opositores de inventar cosas para causar problemas. Tú también *debes permanecer firme en las decisiones y rechazar que tus opresores te intimiden.* Estos son los factores séptimo y octavo para proteger el potencial cuando estás bajo ataque.

Nehemías usó muchos métodos para luchar por esta visión. Tú debes emplear los mismos métodos para proteger el potencial del ataque.

LUCHA POR TU VISIÓN

Siempre habrá personas comprometidas para destruirte. Te criticarán, ridiculizarán y se enojarán contigo. Déjalos. No eres responsable de sus acciones, sólo de las tuyas.

Lucha por tu visión. Comenta tu sueño sólo cuando sea necesario y escoge con cuidado con quién lo harás. Haz el trabajo de fondo y mantente en curso cuando la marcha se vuelva difícil. Espera la oposición y ten cuidado de no permitir que las amenazas y las acusaciones de los enemigos te intimiden. No te separes de tus decisiones y permanece comprometido con tu objetivo. No permitas que la quietud te engañe y te sorprenda desprevenido con un ataque posterior. Habla con Dios acerca de tus necesidades y permite que Él responda a los opresores, nunca lo hagas tú.

Finalmente, mantente ocupado. No permitas que la batalla interfiera en tu trabajo. Quizás no seas popular, pero tendrás éxito debido a que Dios obra con aquellos que se esfuerzan en permanecer en la visión que Él nos ha dado. De esta forma, *tus opositores aprenderán que no son tan importantes como lo que haces*, y permanecerás enfocado en la visión con sabiduría y fuerza renovada para lograrlo. Tu potencial merece el esfuerzo que hagas para vencer a sus enemigos.

CONTINÚA MOVIÉNDOTE

Dios ayuda a aquellos que se ayudan a sí mismos. Este dicho popular expresa una verdad importante. Pablo dijo a Timoteo que buscara la ayuda del Espíritu Santo (ver 2 Timoteo 1:14), pero no que esperara que Él se encargara de todo el asunto. El Espíritu Santo no tomará el control de nuestras vidas, pero nos ayudará para que nosotros lo hagamos. Este es el significado de su nombre [*paracletus*]. Es nuestro ayudador o asistente. No cuida nuestro potencial. Nos ayuda a hacerlo al guiar las decisiones que tomamos y al facultarnos para resistir y triunfar en el medio de las pruebas.

La guía, por definición, requiere movimiento. El Diccionario colegiado Merriam Webster, en su décima edición, dice que *guiar* es "dirigir en el curso para mostrar el camino a seguirse. [Esto] implica conocimiento del camino y de todas las dificultades y peligros".[1] Así como un barco que se encuentra en el puerto no se puede dirigir, de la misma forma el Espíritu Santo no nos puede guiar si no vamos a ningún lugar. Cuando decimos: "Guíame, Señor", el Espíritu Santo responde: "¿A dónde vas?". Necesita que nos movamos para poder llevarnos en la dirección correcta.

Si quieres que Dios guarde tu potencial, tienes que comenzar a usarlo. Si quieres que lo proteja, tienes que comenzar a protegerlo. Digamos, por ejemplo, que tienes el sueño de volver a la escuela y

---

1. *Merriam-Webster's Collegiate Dictionary*, Tenth Edition, Masachusetts, Merriam Webster Incorporated, 1998.

convertirte en maestro, pero luchas con esto porque tienes escasas habilidades de lectura. Dios te ayudará a proteger tu sueño de convertirte en maestro si te inscribes en una clase de lectura para adultos y trabajas duro para aprender a leer.

O bien puedes tener la ambición de ser enfermero, ebanista o encargado de una tienda. Investiga los programas de enfermería que hay en tu zona y obtiene todos los detalles antes de presentar la idea a tus padres o a tu cónyuge. Encuentra un carpintero experto para trabajar como aprendiz antes de que establezcas tu propio negocio. Comienza a ir a la escuela en la noche para obtener la licenciatura en administración de empresas antes de que te presentes para un puesto de supervisor. El primer paso que des, quizás, no sea el correcto, pero Dios no puede ayudarte mientras no hagas algo. No puedes cerrar una puerta que no has abierto o afirmar una decisión que no has tomado. *Si no haces nada para lograr tu objetivo, Él tampoco lo hará . El Espíritu Santo no puede trabajar por ti a menos que estés activo.*

El mismo principio es válido para proteger el potencial. Quizás tienes la ambición de graduarte de la escuela con honores, pero gran parte de tu tiempo de estudio lo usas en un trabajo de medio tiempo o para andar con amigos. Deja el trabajo o dispone de otro modo el tiempo para que tengas más tiempo para estudiar. Limita las actividades sociales y haz que las horas libres sean productivas y relajantes. Cuando hagas algo para quitar aquello que atenta contra tu visión, Dios respaldará tus esfuerzos. Sin embargo, la *iniciativa debe venir de ti.*

O quizás te gustaría perder peso debido a que tu apariencia afecta tanto tu autoestima como la confianza que otros tienen en tu capacidad para llevar a cabo una tarea encomendada. Sabes que puedes hacer el trabajo, pero nunca logras la oportunidad de intentarlo porque ni tú ni tu jefe desean arriesgarse al darte una responsabilidad extra. Cuando hagas un esfuerzo sincero para cuidarte en lo que comes y hacer el ejercicio adecuado, Dios confirmará cuánto Él te valora, y motivará a otros para que vean que eres una persona capaz y valiosa. Su acción para proteger tu potencial depende de tus acciones.

Dios no aceptará en ti un mal hábito o un estilo de vida inapropiado porque Él no te lo dio. *Afirmará* las decisiones y consolidará tus esfuerzos cuando comiences a dar pasos positivos para deshacerte de las influencias negativas, las actitudes incorrectas o las elecciones escasas que amenazan tu potencial. Destruye los cigarrillos o las drogas. Deja de vivir con tu novio o novia. Quédate en casa en vez de pasar todas las noches en el bar que está cerca de tu casa. Sal de la habitación cuando estás por pegarle a tu hijo debido a la ira. Toma la responsabilidad de tus propias acciones cuando tu jefe te pregunta por qué un proyecto no está completo o tu cónyuge está desilusionado porque olvidaste su cumpleaños o aniversario de bodas.

Un bote que está quieto no puede girar sin importar cuánto gires el timón. Avanza una distancia pequeña y el bote responderá a un toque suave en el timón. Custodiar y proteger el potencial es lo mismo. Si permaneces atascado en el carril actual sin ningún intento de salir, tus sueños se secarán o morirán. *Comienza a moverte y un toque suave de Dios comenzará a cambiarte y a ayudarte a lograr los sueños que parecían imposibles. Dios es tu compañero.* Deben trabajar juntos para proteger tu potencial. Cuando comienzas a contribuir en tu propia protección, el Espíritu Santo también comienza a hacerlo. Respalda tus comienzos y redirige los esfuerzos cuando no cumplen con sus expectativas. Después, puedes comenzar a descubrir el potencial y a proteger lo que ves.

Cuidar el potencial es una tarea diaria que requiere más sabiduría y poder de lo que poseemos. Dios está en la tarea de maximizar el potencial. Él respaldará nuestros esfuerzos si cooperamos con Él, pero no hará el trabajo por nosotros. Comienza hoy a seguir las pautas para custodiar y proteger el potencial. El futuro de tus sueños y visiones está en juego.

PRINCIPIOS

1. Eres responsable de custodiar y proteger tu potencial.

2. El tesoro que debes defender es la sabiduría de Dios, el poder de Dios y la presencia del Espíritu de Dios en tu vida. Esta potencia de Dios dentro de ti es tu potencial.

3. Pautas para salvaguardar el potencial:

    · Reconoce a los enemigos como fuerzas del mal.
    · Espera el ataque de Satanás.
    · Prepárate para vencer el ataque.
    · Párate firme en medio del ataque.

4. Pautas para protegerte del ataque:

    · No respondas a los críticos.
    · Monta guardia para evadir el ataque y para estar alerta ante el peligro inminente.
    · Permite que Dios pelee por ti.
    · No permitas que la calma en la batalla te convenza de que la guerra ha terminado.
    · Quédate lejos de la oposición.
    · No pierdas tiempo al hablar.
    · Rechaza la intimidación de las amenazas y acusaciones de los que te critican.

Capítulo 5

Cultiva y alimenta el potencial

Cualquier cosa que comas al final te comerá.

L a anciana sonrió cuando entró a la habitación pequeña y caliente. Un resplandor de color se encontró con sus ojos. Violetas africanas de muchas gamas de rosa, púrpura, blanco, rojo y azul y mezclas de variedades de estos colores llenaban la habitación, la cual no siempre había lucido así. Ella y su esposo habían construido la casa hacía muchos años, y ésta había sido la sala de juegos de los niños. En aquel entonces varios juguetes habían llenado los estantes.

Después de que el último de los hijos se había ido de casa, la mujer se había vuelto muy deprimida, ya que había perdido a los hijos y tenía poco que hacer. Ahí fue cuando una amiga le había dado los brotes de sus violetas africanas y la había convencido de que transformara la sala de juegos en un invernadero. La idea había sido buena, pues le dio un interés renovado en la vida.

Con el correr de los años, había pasado muchas horas aquí. Al principio, sólo uno de los muchos estantes había contenido plantas. Ahora los estantes originales estaban llenos por completo y otros se habían agregado. Aún recordaba la alegría cuando vio a las violetas florecer por primera vez. Muchas horas habían precedido a ese triunfo, porque nunca había sido conocida por tener buena mano para las plantas. De hecho, algunas de sus amigas habían tratado de desanimarla en la nueva aventura, debido a que en el pasado las plantas parecían marchitarse en vez de florecer cuando estaban bajo su cuidado. Aun así, había seguido adelante. Con el tiempo se dio cuenta de que no le había ido bien con las plantas porque no les había dado suficiente cuidado. De hecho, habían muerto debido al descuido.

Cuando las primeras plantas no sólo vivieron sino que florecieron bajo su toque, ganó la confianza para agregar otros colores al obtener más brotes de parte de su amiga. También comenzó a leer libros y artículos de revistas acerca del cuidado de las violetas africanas y a hablar con otros que amaban las plantas. Un día, mientas leía una revista de agricultura, descubrió un artículo sobre la creación de híbridas. Ese día quedó cautivada.

Desde entonces, ha pasado parte de cada día en esta habitación, regando las plantas, revisándolas de insectos nocivos, arraigando nuevos cortes, fertilizando las plantas que estaban por florecer, separando las flores viejas y rotando las plantas para que cada una recibiera la luz suficiente. Incluso, el día en que su esposo había muerto, ella había dado vueltas por allí para encontrar consuelo entre sus amigas, como había llegado a considerar a las plantas.

En la noche, con frecuencia leía revistas de jardinería y agricultura en ese lugar, en el cual había colocado su silla favorita, que antes había estado en la sala de estar, donde su esposo ya no volvería a pasar largas horas con ella. Después de casi cuarenta años de trabajo duro y lectura extensa, el color profuso que la rodeaba reveló el éxito de sus esfuerzos.

Ahora su habilidad para cultivar y reproducir violetas africanas era conocida por toda la comunidad y, con el correr de los años, había encontrado gran alegría al enseñarles a otros el arte de cultivar plantas. Cada año su invernadero era considerado lo más destacado del recorrido de jardinería. Colecciones de plantas en todo el pueblo, en jardines y habitaciones, eran testimonio de su habilidad.

El cumplimiento exitoso de tu potencial es similar a la tarea de hacer crecer flores que ganen premios. Ambos requieren atención y esfuerzo diligente para producir resultados ganadores.

EL POTENCIAL NO GARANTIZA EL RENDIMIENTO

Dios hizo todo con la capacidad de producir fruto o de reproducirse a sí mismo. No obstante, el potencial para producir no garantiza el rendimiento ni la cantidad de fruto garantiza su calidad. Puedes tener una buena idea que produzca resultados cargados de mediocridad. O puedes tener grandes sueños que tengan muy poca importancia. Esto es cierto, ya que el embarazo no es garantía de fertilidad, y los planes o sueños no aseguran el rendimiento. El embarazo y el rendimiento se igualan cuando el potencial para producir se cuida y se desarrolla de forma apropiada.

....

El embarazo no es garantía de fertilidad, y los
planes o sueños no aseguran el rendimiento.

....

Puedes tener el potencial para ser un arquitecto de talla mundial, pero tu capacidad no garantiza que alcanzarás este nivel de éxito. Quizás nunca progreses más allá de dibujar un plano de una casa de muñecas para tu hija o diseñar un croquis de un modelo de tren para tu hijo. Una clave importante para producir aquello de lo cual eres capaz, es dedicar tiempo y esfuerzo necesarios para promover el desarrollo de tu talento. *Debes cultivar y alimentar tu potencial.*

UN JARDÍN PARA CUIDAR

Cuando Dios hizo al hombre, los arbustos aún no habían aparecido en la tierra y las plantas aún no habían brotado del suelo. Sólo después de la creación del hombre Dios plantó un jardín y le dio un río para que lo regara. ¿Por qué? Hasta entonces no *"existía el hombre para que la cultivara* [la tierra]" (Génesis 2:5). La tierra estaba embarazada, pero no salía nada porque no había nadie que cuidara a los bebés del suelo.

Por lo tanto, vemos que Dios creó toda la vida para que dependiera del cultivo para maximizar su existencia, debido a que el potencial no se puede liberar sin trabajo. En esencia, Dios dijo: "No puedo permitir que estos árboles y plantas crezcan aún, porque necesitan cultivo cuando empiezan a crecer y no hay nadie que los cuide". El fruto y las semillas de mucha plantas estaban presentes en el suelo, pero el suelo no produjo hasta que Adán cultivó el jardín.

La Nueva Versión Internacional de La Biblia dice que Dios dio a Adán la responsabilidad de *cultivar* el jardín. La versión Reina Valera de 1960 y la versión La Biblia de las Américas describen la tarea del hombre como la de *labrar* la tierra. Todas apuntan a la tarea del hombre para ayudar al jardín a producir a su máxima capacidad. De modo que el hombre fue creado para tener un ministerio cultivador al hacer que la tierra se enriquezca a medida que le aporta y la nutre.

GANAR EL PREMIO IMPLICA CORRER LA CARRERA

El potencial es como el suelo. Se lo debe trabajar y nutrir para que produzca fruto. El rey Salomón se refirió a este proceso de liberar la fertilidad del hombre cuando dijo: *"Los pensamientos humanos son aguas profundas; el que es inteligente los capta fácilmente"* (Proverbios 20:5). Nota que el extraer el potencial del hombre implica esfuerzo. Como el pescador que trae hacia adelante los tesoros del mar debido al trabajo arduo y el granjero que cosecha el fruto del suelo con el sudor de su frente, así el hombre debe trabajar para explotar, incluso, una porción del potencial de Dios dentro de él.

El potencial es como el suelo.
Se lo debe trabajar y alimentar para que produzca fruto.

El apóstol Pablo comprendió esta necesidad de poner en práctica el esfuerzo para liberar su productividad.

¿No saben que en una carrera todos los corredores compiten, pero sólo uno obtiene el premio? Corran, pues, de tal modo que lo obtengan. Todos los deportistas se entrenan con mucha disciplina. Ellos lo hacen para obtener un premio que se echa a perder; nosotros, en cambio, por uno

que dura para siempre. Así que yo no corro como quien no tiene meta;
no lucho como quien da golpes al aire. Más bien, golpeo mi cuerpo y
lo domino, no sea que, después de haber predicado a otros, yo mismo
quede descalificado.

—1 Corintios 9:24-27

El entendimiento y la sabiduría son las claves para el éxito de la misión del hombre. La carrera para maximizar todo lo que Dios le ha dado comienza con saber lo que Dios requiere de él y de qué forma espera que llegue a la línea final. El principio primario al cultivar la vida de uno para vivir al máximo, es destruir la ignorancia a través de la búsqueda de conocimiento, sabiduría y entendimiento.

CONOCIMIENTO Y ENTENDIMIENTO PROMUEVEN EL CRECIMIENTO

Supongamos que quiero crear un hermoso jarrón para colocar en la sala de estar, pero no sé nada acerca de alfarería. Como primer paso necesitaría una visita a un maestro de la alfarería, o al menos a una biblioteca de la zona, para aprender todo lo que pueda acerca de trabajar con la arcilla para convertirla en piezas hermosas. Tendría que aprender acerca de la selección y preparación de la arcilla, el lanzamiento y el moldeado de la vasija en la rueda del alfarero, la cantidad de tiempo y las condiciones para curar la vasija cruda, la temperatura adecuada y el tiempo que la vasija debe ser sometida a fuego en el horno, etc. Mucho trabajo, incluidas muchas horas de práctica en vasijas muy inferiores a la que esperaba crear, antecederían al logro de mi objetivo de hacer un jarrón para colocar en la sala de estar de mi casa.

Este procedimiento no difiere mucho del proceso que debemos enfrentar para maximizar el potencial. El conocimiento y el esfuerzo deben coexistir, pero el conocimiento es el fundamento para el éxito. Como vimos en el capítulo último, la sabiduría y el conocimiento de Dios se vuelven disponibles para nosotros cuando estamos conectados con Él a través de la presencia de su Espíritu. Una comprensión de sus caminos y el descubrimiento de sus propósitos son parte del tesoro que nos ha dado.

Porque el SEÑOR da la sabiduría; conocimiento y ciencia brotan de sus labios. Él reserva su ayuda para la gente íntegra y protege a los de conducta intachable. Él cuida el sendero de los justos y protege el camino de sus fieles. Entonces comprenderás la justicia y el derecho, la equidad y todo buen camino; la sabiduría vendrá a tu corazón, y el conocimiento te endulzará la vida.

—PROVERBIOS 2:6-10

La búsqueda de conocimiento demanda esfuerzo. Debes buscarla como un tesoro que es precioso para ti. No puedes tocar el conocimiento de Dios, sin embargo, sin diligencia y esfuerzo excesivo.

Aplica tu corazón a la disciplina y tus oídos al conocimiento.

—PROVERBIOS 23:12

Hijo mío, si haces tuyas mis palabras y atesoras mis mandamientos; si tu oído inclinas hacia la sabiduría y de corazón te entregas a la inteligencia; si llamas a la inteligencia y pides discernimiento; si la buscas como a la plata, como a un tesoro escondido, entonces comprenderás el temor del SEÑOR y hallarás el conocimiento de Dios.

—PROVERBIOS 2:1-5

Con sabiduría se construye la casa; con inteligencia se echan los cimientos. Con buen juicio se llenan sus cuartos de bellos y extraordinarios tesoros. El que es sabio tiene gran poder, y el que es entendido aumenta su fuerza. La guerra se hace con buena estrategia; la victoria se alcanza con muchos consejeros.

—PROVERBIOS 24:3-6

Construir una casa y hacer la guerra a algo demanda un gran esfuerzo. No sucede de forma simple. Lo mismo se aplica a almacenar cosas. Si alguna vez enlataste o congelaste frutas y verduras en el verano para proveer a tu familia para el invierno, sabes que muchas horas largas y calientes preceden al acto final de poner las vasijas en el estante.

De manera similar, quitar los tesoros de la tierra también es arduo y consume mucho tiempo. Los pozos se deben perforar antes de que el petróleo se pueda bombear desde la profundidad de la tierra, y astas o túneles grandes se deben cavar antes de poder lograr la extracción de diamantes, plata y otros metales preciosos. Estas son las imágenes que Salomón usó para ilustrar la fuerza y la dedicación que necesitarás para ejercitarte, si esperas obtener el conocimiento que producirá el dar rienda suelta a tu potencial.

El conocimiento siempre debe preceder a una acción o se perderá mucho tiempo y esfuerzo a través de esfuerzos equivocados y direcciones con calles sin salida. Dios, quien planeó tu vida y te garantizó el potencial para llevar a cabo sus planes, trabaja para ti y contigo cuando buscas conocerlo y entender y seguir sus caminos.

....

El conocimiento siempre debe preceder a una acción o se
perderá mucho tiempo y esfuerzo a través de esfuerzos
equivocados y direcciones con calles sin salida.

....

LAS CONSECUENCIAS DE DESCUIDAR EL CONOCIMIENTO

Tristemente, con frecuencia perdemos el derecho al potencial porque descuidamos la sabiduría, el conocimiento y comprensión que vienen solo de Dios. Salomón habló de las consecuencias de este descuido, al igual que el profeta Oseas:

> *El que es sabio atesora el conocimiento, pero la boca del necio es un*
> *peligro inminente.*
> —Proverbios 10:14

La enseñanza de los sabios es fuente de vida, y libera de los lazos de la muerte. El buen juicio redunda en aprecio, pero el camino del infiel no cambia. El prudente actúa con cordura, pero el necio se jacta de su necedad.

—PROVERBIOS 13:14-16

... pues por falta de conocimiento mi pueblo ha sido destruido. Puesto que rechazaste el conocimiento, yo también te rechazo como mi sacerdote. Ya que te olvidaste de la ley de tu Dios, yo también me olvidaré de tus hijos.

—OSEAS 4:6

La falta de conocimiento no es lo mismo que el conocimiento desaprovechado. Oseas dice que el pueblo de Dios perece debido a que han rechazado el conocimiento. Este nos puede rodear, pero a menos que lo apliquemos en la situación o lo usemos para informar las decisiones, no tiene utilidad alguna para nosotros. No podemos, realmente, excusarnos ante el Señor y decir: "No lo sabía", porque las oportunidades para obtener conocimiento abundan en el mundo. Vivimos en una era de una explosión de información a través de bibliotecas, cintas de audio de ministerios, videos de enseñanzas, televisión y radio, todo lo cual nos bombardea de todos lados con oportunidades para agrandar los horizontes y aumentar el conocimiento. Lo que podemos confesar a Dios es: "Yo rechacé la oportunidad de aprender".

El dicho: "Lo que no sabes no te puede matar" simplemente no es verdad. Con mucha frecuencia sufrimos pérdidas debido a que no aprovechamos la oportunidad de aprender los hechos acerca de un tema en particular. Perecemos debido a lo que no sabemos. *No importa qué tan grande sea tu sueño, si no tienes la información relacionada con tu plan, olvídalo.*

LOS CASTIGOS DE LA IGNORANCIA

El diablo no destruye al pueblo de Dios... El gobierno no destruye al pueblo de Dios... La economía no destruye al pueblo de Dios... La cocaína y la marihuana no destruyen al pueblo de Dios. La ignorancia destruye al pueblo de Dios. Esto está detrás de cada influencia destructiva en nuestras vidas.

Dios rechaza a aquellos que rechazan su conocimiento. En otras palabras, dice: "No podemos hacer negocios. No has usado las herramientas que te di, entonces no puedo ayudarte. Ni siquiera puedes hablar de forma inteligente conmigo". La ignorancia afecta la forma en la que Dios responde a las oraciones, porque le pedimos cosas que no necesitamos o no deberíamos querer. Para pedir de forma correcta debemos comprender la forma en la que operamos, la forma en la que el diablo trabaja, la forma en la que el mundo funciona y la forma en la que Dios lo hace. Pedir a Dios que haga algo por nosotros antes de que comprendamos estos aspectos de la situación es perder nuestro tiempo y el de Dios. Él debe rechazar todo lo que pedimos porque nuestras oraciones no se alinean con sus caminos, voluntad y deseos para con nosotros.

....

La ignorancia afecta la forma en la que Dios responde a las oraciones porque le pedimos cosas que no necesitamos o no deberíamos querer.

....

Investiga tu sueño antes de que empieces a trabajar para lograrlo. Aprende todo lo que puedas acerca del negocio que quieres comenzar o las personas que quieres alcanzar. Necesitas buena información para tomar decisiones correctas.

Dios también ignora a los hijos de aquellos que ignoran su conocimiento. Esto es verdad porque tus hijos aprenden lo que tú sabes. Si no sabes nada, no van a aprender nada, y por lo tanto cometerán los mismos errores y tendrán los mismos valores y actitudes que tú tienes.

La ignorancia arruina a la generación siguiente. Destruye no sólo tu fertilidad sino también la de tus hijos. Por lo tanto, tú y tus hijos cosecharán lo que siembras, y *tu* falta de información los dañara a *ellos*. El mundo experimenta actualmente una multitud de desastres humanos que evidencian este hecho. El aborto, el sida, los temas ambientales, las drogas: todos revelan las consecuencias del rechazo del conocimiento por parte de esta generación y de aquellos que nos han precedido. Básicamente, la ignorancia es generacional y transferible. La decisión de buscar conocimiento, mejorar la comprensión y obtener sabiduría es una decisión personal pero no un tema privado. Cada libro que lees afecta a tus nietos, entonces lee y cultívate para la posteridad.

VALORES RETORCIDOS

Nuestra ignorancia de la voluntad de Dios y sus caminos ha retorcido el mundo. Devaluamos lo que Dios valora y elevamos lo que es insignificante para Él, quien ve la tremenda capacidad que tenemos y mira las casas de la Tierra que contienen ese tesoro (ver 2 Corintios 4:7). Nos creó para que comunicáramos su poder, pero estamos más interesados en el éxito de acuerdo con los parámetros del mundo. Él afirma nuestra habilidad para que aprovechemos su sabiduría, pero tomamos decisiones basados en la información que recibimos de los sentidos físicos y de la educación.

La pobreza de conocimiento que tenemos se revela en la inhabilidad de llevar a cabo el potencial de Dios por nuestra propia cuenta. Vivimos sin rumbo fijo, sin objetivos; revoloteamos de un lado a otro y nunca logramos nada. Una vida así es una pérdida de tiempo. Sin un sentido de propósito somos como bebés nacidos muertos.

Tu potencial se desperdiciará si no permites que Dios limpie tu vista y redirija tus valores. Si se lo permites, entonces podrás escapar de la existencia sin propósito. Esto sucede cuando eres consciente de los valores del mundo y los comparas de forma cuidadosa con los de Dios. Te puedes sorprender con lo que encuentres.

EL POTENCIAL BAJO ATAQUE

La Biblia dice: "*La gente se fija en las apariencias, pero yo me fijo en el corazón*" (1 Samuel 16:7c). Es tiempo de que tú y yo reevaluemos los patrones del mundo. Los autos son más rápidos, pero más débiles. La ropa es más definida, pero se rompen las costuras. Los zapatos de vinilo brillan de forma muy bonita, pero carecen de la durabilidad del cuero. Lo que aparenta ser mejor puede ser algo que, en realidad, desacredita lo verdaderamente valioso y digno. Estos valores invertidos atacan tu potencial.

El mundo se ha vuelto muy preocupado por las cuestiones de la contaminación. Los grupos ambientalistas están enojados debido a los derrames de petróleo y nos advierten acerca de la necesidad de proteger los animales en peligro, las selvas tropicales y las vías fluviales. Como consumidores, se nos recuerda de forma constante que coloquemos los desechos de forma apropiada como parte del esfuerzo para proteger el aire y el abastecimiento de agua del planeta y se nos anima a reciclar para promover el uso sabio de los recursos de la Tierra.

Tristemente, estamos más interesados acerca de la destrucción de la atmósfera de la Tierra que con respecto al veneno que nuestros hijos inspiran de los medios masivos en nuestro hogar. Estamos interesados en la pureza del agua que bebemos, pero no monitoreamos los contaminantes que llenan nuestra mente. El mundo está enfermo porque valoramos las cosas erróneas.

En el Evangelio de Marcos, Jesús amonesta a los fariseos porque los valores que tenían estaban mezclados. Mientras Jesús y los discípulos caminaban a través de un gran campo, recogían y comían granos porque tenían hambre, los fariseos se quejaron de que estaban quebrantando la ley, ya que era el día de reposo.

Él les contestó:

—¿Nunca han leído lo que hizo David en aquella ocasión, cuando él y sus compañeros tuvieron hambre y pasaron necesidad? Entró en la casa de Dios cuando Abiatar era el sumo sacerdote, y comió los panes consagrados a Dios, que sólo a los sacerdotes les es permitido comer. Y dio también a sus compañeros. El sábado se hizo para el hombre, y no el

hombre para el sábado —añadió—. Así que el Hijo del hombre es Señor incluso del sábado.

En otra ocasión entró en la sinagoga, y había allí un hombre que tenía la mano paralizada. Algunos que buscaban un motivo para acusar a Jesús no le quitaban la vista de encima para ver si sanaba al enfermo en sábado. Entonces Jesús le dijo al hombre de la mano paralizada: —Ponte de pie frente a todos.

Luego dijo a los otros:

—¿Qué está permitido en sábado: hacer el bien o hacer el mal, salvar una vida o matar? Pero ellos permanecieron callados. Jesús se les quedó mirando, enojado y entristecido por la dureza de su corazón, y le dijo al hombre:

—Extiende la mano.

La extendió, y la mano le quedó restablecida.

—MARCOS 2:25—3:5

Mateo recordó las palabras de Jesús en esta ocasión de forma un poco diferente:

Él les contestó:

—Si alguno de ustedes tiene una oveja y en sábado se le cae en un hoyo, ¿no la agarra y la saca? ¡Cuánto más vale un hombre que una oveja! Por lo tanto, está permitido hacer el bien en sábado.

—MATEO 12:11-12

Los valores y patrones del mundo no son tan diferentes de aquellos de los fariseos. Salvamos ballenas y tratamos de proteger a especies en peligro, pero permitimos que se aborten bebés. No podemos dispararles a los flamencos, pero podemos tomar un bisturí y matar fetos humanos.

Estamos enfermos. No somos diferentes de aquellos a quienes Jesús amonestó. Por lo tanto, necesitamos repensar los valores y volver a determinar la definición de contaminación. *Los contaminantes más* dañinos que envenenan a las comunidades no vienen de los autos, fábricas o las descargas de desechos tóxicos. Vienen de los estantes de libros, televisores, teatros y videos de alquiler. Vienen de las escuelas y universidades donde los docentes que no creen en Dios enseñan a los niños que Dios es una muleta o una ficción de su imaginación. ¡No me digan que no dispare a los flamencos cuando los maestros disparan a los alumnos al enseñarles corrupción, error, evolución y filosofías ateas!

La única forma de combatir esta contaminación es examinar con qué alimentamos a nuestros hijos y cultivar con cuidado los ambientes en los cuales crecen. Después podemos activar y estimular su potencial y el nuestro, con los nutrientes y fertilizantes apropiados. Dios determinó esta necesidad de cuidar el potencial cuando colocó a Adán en el jardín y le ordenó que lo trabajara, lo labrara y lo cultivara.

Un proceso doble: cultivar y alimentar el potencial

El potencial se debe cultivar y alimentar para producir fruto. Pero, ¿de qué forma lo hacemos? ¿Cómo cultivamos y alimentamos los talentos, capacidades y habilidades que poseemos?

Las definiciones de *cultivar* incluyen: a) prepararse y trabajar para estimular el crecimiento; b) mejorar el crecimiento a través del trabajo y la atención; c) desarrollar y refinar a través de la educación y el entrenamiento y d) buscar o fomentar, así como en una amistad. *Alimentar* algo significa que: a) suministramos nutrientes; b) proveemos como alimento; c) proporcionamos para el consumo y d) satisfacemos, ministramos y gratificamos. Todas estas definiciones implican que el proceso va a ser beneficioso, no dañino. Si el abastecimiento no suple la nutrición que es esencial para el crecimiento, no somos alimentados de forma verdadera. Del mismo modo, si la actividad y atención no nos ayudan a desarrollar, refinar, mejorar y promover las habilidades, capacidades y talentos no se pueden llamar en realidad cultivo.

Así como las semillas no se convierten en plantas durante la noche, la riqueza del potencial no puede exponerse ni cumplirse en un instante. Debemos esforzarnos para cultivar lo que Dios nos ha dado y debemos ejercitar el cuidado de fertilizarlo y regarlo de manera apropiada. Así como plantas específicas requieren ciertos nutrientes y condiciones para crecer, de la misma forma debemos proveer la nutrición y el ambiente adecuados para estimular la maximización del potencial. Dios, quien nos creó, ha establecido estas especificaciones. Ignorarlas es invitar a la muerte.

Cultivar y alimentar las tres dimensiones del potencial

Somos como un campo sin cultivar. Contenemos mucho fruto, pero la fertilidad no será evidente hasta que, al menos, cultivemos y alimentemos el cuerpo, alma y espíritu. Estas son las tres dimensiones del potencial. El cultivo y la alimentación actúan juntos para estimular el máximo crecimiento y realización. Si activamos y estimulamos el potencial a través del trabajo y de experiencias desafiantes, pero descuidamos la provisión de los fertilizantes apropiados que lo sostendrán y mantendrán dentro de estas situaciones, antes de que pase mucho tiempo el crecimiento se atrofiará y finalmente se detendrá. De la misma forma, si alimentamos el cuerpo, alma y espíritu de acuerdo con las especificaciones del fabricante, pero fallamos en fomentar y aprovechar las oportunidades para intentar cosas nuevas y alcanzar objetivos nuevos, reduciremos la liberación efectiva de nuestro potencial. Tanto el cultivo como la alimentación son necesarios para el crecimiento saludable.

Cada dimensión de nuestro potencial: cuerpo, alma y espíritu, tiene especificaciones y materiales definidos para el cultivo y requerimientos explícitos en fertilizantes. Estas especificaciones o requerimientos prescriptos por el fabricante aseguran que cada parte de nuestro ser funcione al máximo rendimiento y logre la productividad máxima. Estos son los ingredientes esenciales para descubrir quiénes podemos ser y qué es lo que podemos hacer.

Eres lo que comes. Esto es verdad para las tres dimensiones del potencial. Si comes demasiada comida llena de grasa, subirás de peso y la cara se te llenará de granos. Si alimentas tu mente con basura, tus pensamientos estarán en un canal de desagüe. Si alimentas tu espíritu con la información que recibes a través de los sentidos de tu cuerpo y la educación de tu alma y descuidas la sabiduría y conocimiento de Dios, funcionarás según los patrones y valores del mundo.

Eres lo que comes.

Cultiva y alimenta el cuerpo

Tu cuerpo es una máquina precisa que requiere alimento, ejercicio y descanso preciso. La comida saludable, el ejercicio regular y los períodos programados de descanso son esenciales para que funcione a su máximo potencial. La salud física se deteriora cuando los dulces, grasas u otros alimentos dañinos se embuten dentro del cuerpo, y la fuerza y duración de éste disminuyen si el ejercicio (trabajo) no está en la rutina diaria. De la misma forma, la ausencia de descanso reduce drásticamente los recursos del cuerpo hasta el total agotamiento e incluso, con el tiempo, se puede sufrir un colapso. Cultiva y alimenta tu cuerpo. Vive dentro de una rutina saludable que incluya comida nutritiva, ejercicio moderado pero sistemático, y sueño regular y relajación.

Segundo, el cultivo y la alimentación del cuerpo requieren que lo uses con discreción, que lo apartes para los usos pretendidos. Dios no te dio un cuerpo físico para que lo llenaras con calorías que no nutren o lo trataras como a un animal de carga. Si puedes elegir entre una ensalada o unas papas fritas para el almuerzo, escoge la ensalada. Puede ser que las papas tengan buen sabor, pero hacen poco o nada para nutrirte. De forma similar, considera el uso apropiado del cuerpo cuando trabajas o te ejercitas. Por ejemplo, salvaguarda la espalda al flexionar las rodillas para levantar una carga pesada.

Este requisito para usar el cuerpo con discreción también significa que deberías tratarlo con respeto y ejercitar el cuidado de no abusar de él. Cuídate de no permitir que los cigarrillos, el alcohol u otras sustancias dañinas entren en él. Así como Pablo nos advierte:

Porque es necesario que todos comparezcamos ante el tribunal de Cristo, para que cada uno reciba lo que le corresponda, según lo bueno o malo que haya hecho mientras vivió en el cuerpo.

—2 CORINTIOS 5:10

Cada persona tendrá que rendir cuentas por lo que hizo con su cuerpo.

Tercero, debes cultivar el cuerpo físico al preservarlo y protegerlo de los contaminantes. Si vas a hacer algo por el mundo, si realmente vas a contribuir para la efectividad y productividad de la nación, no puedes estar enfermo porque, no puedes ser eficaz si estás enfermo. Como también Pablo dijo:

"¿Acaso no saben que su cuerpo es templo del Espíritu Santo, quien está en ustedes y al que han recibido de parte de Dios? (...) Por tanto, honren con su cuerpo a Dios.

—1 CORINTIOS 6:19-20

En la carta a la iglesia de Roma, Pablo agrega: "... *en adoración espiritual, ofrezca su cuerpo como sacrificio vivo, santo y agradable a Dios"* (Romanos 12:1b).

Para que algo sea un sacrificio, debe ser valioso y debe valer la pena darlo. No puedes honrar a Dios de manera efectiva si tu cuerpo es demasiado pesado o si tu corazón está débil, porque has llenado el cuerpo con alimentos que producen colesterol. Preserva el cuerpo al entender y obedecer la guía del fabricante. Eres responsable de proteger tu templo físico. Cultiva tu cuerpo.

Cultiva el alma

El alma consiste en la mente, la voluntad y las emociones. *Lo que va a la mente siempre influencia lo que sale.* Si los niños observan a otros que son irrespetuosos y que hablan con sarcasmo en la televisión, aprenderán a hablar y a actuar de la misma manera. De hecho, ni siquiera sabrán que son irrespetuosos porque los valores y la sabiduría se desvirtuarán debido a las cosas que vieron y leyeron.

Procura, entonces, *convertir la mente* al llenarla con material santo y edificante. Llénala con La Palabra de Dios en vez de con novelas basura. Si pasas mucho tiempo leyendo ficciones románticas de ensueño, llegarás a tener expectativas irrealistas de tu cónyuge y degradarás o destruirás la relación matrimonial a través de pensamientos, palabras y acciones infieles. Reemplaza las novelas de la tarde por una enseñanza en audio o video. Participa de un grupo pequeño de estudio de La Biblia. Usa los momentos libres para levantarte, en vez de arruinarte.

De la misma forma, *cultiva la mente*. Pasa algún tiempo cada semana en un estudio bíblico serio o investiga un tema útil acerca del cual sepas muy poco en una biblioteca de la zona. Asiste a conciertos o conferencias, o toma clases nocturnas en el instituto municipal. El propósito completo de las enciclopedias, la educación formal y otras fuentes de conocimiento no es hacerte listo, sino darte la oportunidad de que tú mismo te hagas listo. Usa los recursos disponibles en tu mente para inspirarte para activar los sueños y tratar de alcanzar sueños nuevos. La mente es una herramienta poderosa que Dios creó para el bien de la humanidad.

Es una pena morir con agua cuando la gente muere sedienta. De igual manera, todos los días las personas que tienen las respuestas a los problemas del mundo, se rehúsan a alimentar y cultivar la mente para poder alcanzar los pozos profundos de las posibilidades y extraer lo que el mundo necesita. Presta cuidadosamente atención al cultivo y nutrición de tu mente. Recuerda, la persona que no lee no está en mejor situación que la que *no puede*.

....

Es una pena morir con agua cuando la gente muere sedienta.

....

El cultivo del alma también incluye la disciplina de la voluntad. La disciplina es entrenar o enseñar a alguien o algo para que obedezca una orden en particular o viva de acuerdo con un patrón determinado. La disciplina de la voluntad es particularmente importante porque la voluntad es la que toma la decisión. Si te niegas a disciplinarla, no serás exitoso en llevar a cabo tu *potencial porque la voluntad determina las decisiones que gobiernan el potencial.*

Imagino a Jesús en el jardín antes del arresto. Su voluntad le decía: "Encontremos otra forma de hacer esto", pero Dios dijo: "Solo hay una forma". Debido a que la voluntad de Jesús estaba disciplinada, dijo: "*... no sea lo que yo quiero, sino lo que quieres tú*" (ver Marcos 14:32-36). Si no entrenas la voluntad para que se sujete a la sabiduría y los propósitos de Dios, pierdes el derecho sobre el propósito para el cual naciste, y tu potencial se desperdiciará. La autodisciplina es la expresión mayor de la autoadministración, la cual se manifiesta en una voluntad disciplinada.

El cultivo del alma también requiere que controles las emociones. Con mucha frecuencia, permitimos que las emociones nos controlen a nosotros en vez de nosotros a ellas. Ataques de cólera y arrebatos de furia son síntomas de esta dolencia. El entendimiento controla las emociones. Eclesiastés 7:12 dice: "*Puedes ponerte a la sombra de la sabiduría o a la sombra del dinero, pero la sabiduría tiene la ventaja de dar vida a quien la posee*".

Lo que sabemos que es cierto como resultado de buscar información y examinar los hechos, debe ser la base sobre la cual tomamos las decisiones y nos relacionamos con otras personas. Las emociones con frecuencia dan color a lo que vemos. También nos impulsan a decir palabras arrebatadas y a tomar decisiones imprudentes. Las emociones gobernadas por la información proveen un ambiente en el cual el potencial de nuestra alma se puede maximizar. "*Más vale ser paciente que valiente; más vale dominarse a sí mismo que conquistar ciudades*" (Proverbios 16:32).

Jesús dijo que el alma es la dimensión más importante de la constitución corporal, porque es tanto el centro de recepción como el de distribución. Recibe información a través de los sentidos físicos y discernimiento a través del espíritu, y responde con directivas tanto al cuerpo como al espíritu. De esta forma, el alma procesa la información tanto del mundo físico como del espiritual. Jesús dijo: "*Bienaventurados los mansos, porque ellos recibirán la tierra por heredad*" (Mateo 5:5, RVR60). La palabra *manso* no implica debilidad, sino "poder controlado" o "energía disciplinada". La autodisciplina hará que Dios confíe en nosotros para administrar más de los recursos de la Tierra.

Con mucha frecuencia, se descuida el alma y se le permite recoger información que no es buena para el espíritu. Maximiza tu potencial al cultivar y alimentar el alma para que el espíritu pueda estar en comunión con Dios, quien es la fuente de todo potencial.

Cultiva y alimenta el espíritu

Maximizar el potencial comienza con la decisión de aceptar a Jesucristo como tu Señor y Salvador, porque la medida de tu verdadero potencial es el espíritu. Hasta que no te vuelvas a conectar con Dios a través de la fe en Jesucristo y la presencia del Espíritu Santo en tu corazón, estarás muerto espiritualmente y el potencial de tu espíritu no estará disponible para ti. Entonces tu mente únicamente puede ser controlada por lo que recibes a través de los sentidos y la mente.

> *Los que viven conforme a la naturaleza pecaminosa fijan la mente en los deseos de tal naturaleza; en cambio, los que viven conforme al Espíritu fijan la mente en los deseos del Espíritu. La mentalidad pecaminosa es muerte, mientras que la mentalidad que proviene del Espíritu es vida y paz.*
>
> —ROMANOS 8:5-6

La sabiduría secreta de Dios concerniente a tu potencial (ver 1 Corintios 2:7-11) no puede influenciar la vida si su Espíritu no está presente en tu corazón, porque sólo el Espíritu de Dios conoce y entiende los planes y propósitos de Dios para ti. Estos se escribieron mucho antes de que nacieras. Contienen la información que necesitas para vivir al máximo y lograr todo para lo cual fuiste enviado. Alcanzar el potencial máximo es imposible si no cultivas y alimentas el espíritu al conectarte con Dios y permanecer en Él (ver Juan 15:1-8).

Cultivar y alimentar tu potencial es una segunda clave para maximizar el potencial. Cuando prestes atención al fertilizante que le das al cuerpo, al alma y al espíritu, y al trabajo que haces para mantenerlos saludables de acuerdo con las especificaciones del fabricante, te sorprenderás y deleitarás por las muchas cosas que puedes lograr y la satisfacción y alegría que experimentarás en la vida. Debes cultivar y alimentar tu potencial de acuerdo con las especificaciones de Dios y con sus materiales.

....

Muéstrame a tus amigos y te enseñaré tu futuro.

....

PRINCIPIOS

1. El potencial para producir fruto no garantiza ni la productividad ni la calidad del fruto.

2. El potencial se debe trabajar (cultivar) y alimentar para producir fruto.

3. La ignorancia arruina la generación siguiente porque Dios rechaza tanto a los que rechazan su conocimiento como a sus hijos.

4. Dios determinó que el potencial de tu cuerpo, tu alma y tu espíritu se maximizara por la acción de fertilizantes y ambientes específicos estimuladores del crecimiento y del desarrollo positivos.

5. Cultiva y alimenta tu cuerpo a través de alimentación, ejercicio y descanso adecuados: úsalo con discreción, presérvalo y protégelo de los agentes contaminantes.

6. Cultiva y alimenta tu alma al alimentar tu mente con información positiva y santa, al disciplinar el alma para descubrir y vivir de acuerdo con la sabiduría y propósitos de Dios, y al gobernar las emociones con la verdad de Dios.

7. Cultiva y alimenta tu espíritu al vivir de acuerdo con la sabiduría secreta de Dios suministrada a través de su Espíritu Santo.

Capítulo 6

Comparte tu potencial

Dar es mayor evidencia que la verdadera libertad.
Es más productivo dar que recibir
(ver Hechos 20:35).

En silencio, la orquesta esperaba. ¿Cómo sería esta nueva obra maestra de su amado director? Había prometido que sería diferente a todo lo que jamás había escrito. Cuando cada músico recibió su parte, la miraron con sorpresa. A pesar de que cada partitura contenía las misma notas, había muchos más silencios que notas. Todos supusieron que los otros instrumentos debían tener la parte principal de la pieza.

Cuando comenzaron a tocar, sin embargo, pronto se hizo evidente que ninguno tenía la parte principal. Las trompetas tocarían unas pocas medidas, luego los trombones, después de los cuales los clarinetes o flautas levantarían la melodía. A pesar de que era verdad que las partes tenían algún parecido con el otro, era evidente que no había una melodía clara. Mientras más tiempo tocaban los músicos, más extraña se volvía la melodía, pero siguieron haciéndolo porque parecía que era lo que el director esperaba.

Después de que cada instrumento tocó por cinco minutos unas pocas notas aquí y allá, el director bajó el bastón y miró a los músicos.

—¿Qué pasa? —les preguntó—. ¿No les gusta la música?

Rápidamente, los miembros de la orquesta se miraron unos a otros. ¿Qué deberían decir? No, no les gustaba la pieza, porque no tenía nada de la belleza y esplendor que habían esperado de la música del maestro. En vez de herir los sentimientos del líder, no dijeron nada.

Después el maestro se empezó a reír.

—Esperen —les dijo—, ya regreso.

Cuando regresó, los brazos estaban otra vez cargados de música. Una vez más, se movió a través de la orquesta y dio a cada músico una partitura. Esta vez, cuando levantó el bastón, la expectativa llenó cada rostro. A pesar de que las partituras contenían silencios, eran considerablemente menores y parecían estar en lugares correctos.

Después de que la orquesta había tocado por unos pocos minutos, el director se detuvo y preguntó:

—¿Entienden lo que he hecho? Si miran las notas en las dos partituras se darán cuenta de que son las mismas. Son los silencios los que son diferentes. La primera vez, uno de ustedes tocó un poco, luego otro, después un tercer músico. Nunca tocaron juntos. Hice esto para mostrarles que cada parte es importante, pero no tiene sentido sin los otros. Cuando tocamos las notas correctas en el tiempo correcto, al mezclar la música y compartir los sonidos únicos de cada instrumento, emerge una hermosa melodía. A diferencia de la torpeza extraña de la primera partitura, la segunda realza cada instrumento en el tiempo apropiado con los otros instrumentos tocando las acordes de apoyo y los contrapuntos. Esta es la forma en la que se supone que suene la música.

EL COMPARTIR MAXIMIZA Y LLEVA A CABO EL POTENCIAL

Esta mezcla y apoyo también es la forma en la que se supone que se use el potencial. Así como la hermosura de una sinfonía se minimiza cuando la parte de cada instrumento se toca por separado, de la misma forma la riqueza de nuestro potencial se minimiza cuando no lo compartimos con otros. El potencial se maximiza y se lleva a cabo sólo cuando se lo comparte. El hacer esto es la forma de Dios de hacer que sucedan los planes y propósitos que tiene para los hombres y las mujeres.

La riqueza de nuestro potencial se minimiza
cuando no lo compartimos con otros.

Dios comparte su potencial

La naturaleza de Dios se construye alrededor de compartir y dar. Antes de que se creara el mundo, todo existía en Dios. Todo lo que hemos visto, ahora vemos y aún veremos viene de Él. Dios podría haber guardado todas estas cosas dentro de Él, pero no lo hubieran beneficiado allí. Tenía que liberarlas a través de la creatividad antes de que la belleza y el poder de su potencial pudieran revelarse.

A todo lo que Dios creó, Él dio un propósito que engrana con el propósito mayor del mundo. Cada animal, pájaro, pez, insecto, reptil, planta y árbol está conectado con el todo de la creación. Si una especie se extingue, esta muerte desestabiliza e impacta todo el ecosistema. En esencia, cada parte del mundo de Dios, de alguna manera, balancea y enriquece al resto.

Comparte el potencial de Dios

Los seres humanos son la coronación del acto creativo de Dios. El tesoro que puso en nosotros lo tomó de Él mismo. Eligió darnos parte del potencial para que pudiéramos usarlo para Él. Dios pudo haber puesto el mundo en funcionamiento por sí mismo, pero nos trajo a su plan para que le pudiéramos llevar la gloria al revelar todo lo que Él es. No necesita que nos involucremos para lograr todo lo que es capaz de hacer y ser, pero quiere que disfrutemos la bendición de participar en su propósito. *Los dones, talentos y habilidades son tu parte de la dote que Dios da a la humanidad para bendecir a toda la creación.*

De la misma forma en la que un padre disfruta ver a un hijo aprender cosas nuevas, Dios encuentra satisfacción al observar que descubres y usas el potencial. Básicamente, comunicas la naturaleza de Dios y revelas su potencia cuando llevas a cabo el potencial. *Tu propósito es igual a tu potencial, y tu potencial es igual a tu propósito.* Mientras más entiendas el propósito, más descubrirás lo que puedes hacer.

....

*Dios encuentra satisfacción al observar que
descubres y usas tu potencial.*

....

De esta forma, Dios se emociona cuando tomas autoridad sobre los malos hábitos. Disfruta al observar que descubres y usas el depósito de su poder y sabiduría dentro de ti. A veces, sería más fácil para Dios simplemente hacer un chasquido con los dedos y tomar el control, pero perdería la alegría de verte ordenar tu vida y el placer de contemplar cómo expones tu potencial.

El otro día, mi esposa y yo estábamos sentados a la mesa donde nuestra hijita hacía su tarea. Tenía que deletrear algunas palabras y encontrar las palabras que rimaran. Estaba muy tentado de darle todas las respuestas porque las sabía al instante. Me contuve porque sabía que le podía robar el placer de explotar su propio potencial.

Dios trabaja contigo de la misma manera. Hay algunas cosas que le gustaría hacer por ti, pero se contiene para que puedas disfrutar el éxito cuando las haces por ti mismo. Tú dices: "Dios, cambia esta situación", y Dios responde: "Bueno, podría, pero hay algo que podrías aprender acerca de lo que eres capaz de hacer y ser, entonces no, no tomaré el control, y no lo haré por ti".

EL POTENCIAL NUNCA SE DA PARA UNO MISMO

Cuando estaba en la universidad, fui a un viaje a Europa. Después de varios días, perdí el interés en todo lo que veía porque mi prometida, quien ahora es mi esposa, no estaba allí para compartirlo conmigo. En ese viaje aprendí la verdad de este principio. El potencial nunca se da para uno mismo. *Cualquier cosa que Dios te dé, lo da para otros.*

Así como un instrumento solitario no puede producir la música majestuosa de una orquesta sinfónica, de la misma forma los seres humanos no pueden glorificar a su Creador en soledad. Necesito tu potencial para maximizar el mío, y tú necesitas el mío para maximizar el tuyo. Todo lo que se nos ha dado es para que lo compartamos.

El aislamiento no es bueno

Una vez que el hombre terminó de poner nombre a los animales, y al no hallarse ninguna ayuda idónea para él entre ellos, Dios llevó a cabo otro acto de creación significativo. ¿Por qué? *"No es bueno que el hombre esté solo"* (Génesis 2:18).

Dios no hizo a la mujer porque el hombre le pidió una esposa, ni tampoco porque una ayuda para el hombre era una buena idea. El hombre *necesitaba* una compañía porque no podía llevar a cabo su potencial sin compartirlo con alguien. Su existencia solitaria no era algo bueno.

Estar solitario o solo no es lo mismo que estar soltero. Estar solo es estar aislado e incomunicado de los demás. La comunicación es imposible porque no tienes a nadie como tú con quien compartir. Esto es lo que Dios dice que no es bueno.

Estar soltero es no estar casado. El matrimonio no es una condición o un prerrequisito para el cumplimiento de tu potencial. No necesitas necesariamente un esposo o una esposa. Lo que sí necesitas, no obstante, es a alguien con quien puedas compartir tu potencial. Esto es verdad porque *tu satisfacción personal está conectada con el cumplimiento del propósito de Dios para tu vida, y el propósito no se puede lograr en soledad.* Necesitas a esas personas que inspirarán tu potencial y en quienes puedas derramar tu vida. *Puede ser que estés llamado a la soltería, pero no estás diseñado para vivir en aislamiento ni solo.*

....

Necesitas a alguien con quien puedas compartir tu potencial.

....

Una palabra de precaución

Debes tener cuidado, sin embargo, con respecto a cuándo, cómo y con quién compartes tu potencial. Así como el aislamiento no es bueno para la realización personal y la maximización del potencial, de la misma forma compartir la riqueza oculta en una manera que quebrante las leyes de limitación de Dios no es bueno. Todas las habilidades naturales, todos los dones que has cultivado y todo el conocimiento que has acumulado son tuyos para compartirlos dentro del contexto de los principios, planes y propósitos de Dios. *Dios creó todo para que cumpliera su potencial dentro de las limitaciones de ciertas leyes.* En otras palabras, Él especificó los límites dentro de los cuales todas las cosas pueden funcionar a su capacidad máxima.

Por ejemplo, Dios te creó para que lo sirvieras sólo a Él. El contexto de vivir en una relación obediente con Él es la única manera de asegurar la felicidad y la realización personal. Por lo tanto, Dios te ordena: *"No tengas otros dioses además de mí. No te hagas ningún ídolo (...) No te inclines delante de ellos ni los adores"* (Éxodo 20:3-5a).

Su mandamiento busca salvaguardar el ambiente ideal, porque sabe que no puedes satisfacer tu potencial espiritual si adoras o te postras ante algo o alguien más.

De manera similar, *Dios establece un contexto físico dentro del cual tu potencial se puede compartir. Este contexto físico es la relación que Adán y Eva disfrutaron originalmente cuando Eva fue dada a Adán como su ayuda idónea.* Este requisito dado por Dios para compartir el potencial físico se hace visible en su mandamiento: *"...Sean fructíferos y multiplíquense; llenen la tierra y sométanla..."* (Génesis 1:28).

Ni dos varones ni dos mujeres pueden producir un bebé porque el potencial del hombre está satisfecho al compartirlo con una mujer, y el de la mujer se satisface al compartirlo con un hombre. Para que el potencial sea fructífero, los hombres y las mujeres deben compartir su potencial físico dentro del contexto de una relación masculino-femenina que está dentro de los lazos del matrimonio.

Lo que en la actualidad se conoce como un estilo de vida alternativo es, en realidad, el abuso del destino natural y la violación de la naturaleza humana porque impide el cumplimiento del propósito. La mujer fue creada para recibir y el hombre fue creado para dar. Por lo tanto, sus potenciales compartidos se complementan entre sí. Un hombre no puede ser fructífero sin una mujer, ni una mujer puede ser fructífera sin un hombre. Dos dadores o dos receptores no pueden trabajar juntos porque no producen fruto. Asegúrate de compartir el potencial físico con la persona correcta.

Tu potencial almático se realiza al compartirlo dentro del contexto de la familia. Aquí un niño aprende a dar y a recibir amor y afecto. Con mucha frecuencia, los problemas psicológicos y emocionales surgen cuando el amor no se siente y no se expresa en los años de formación. Si un niño jamás se siente amado por su madre, puede ser que se confunda más tarde en la vida si un hombre comienza a satisfacer algunas de esas necesidades. Entonces, su habilidad para dar y recibir afecto, afirmación y atención buscará satisfacerse en el contexto equivocado.

Los hombres pueden disfrutar amistades profundas y duraderas con hombres, pero deben tener cuidado de lo que comparten dentro de la relación. Algunas cosas son buenas para compartir, otras no. Lo mismo se aplica a las amistades entre mujeres. Dios pretende que satisfagas el potencial almático básico dentro del contexto de la familia.

EL POTENCIAL SE SATISFACE CUANDO SE LO LIBERA

El potencial se satisface sólo cuando es dado a otros. No puedes disfrutar o satisfacer tu potencial si lo guardas para ti mismo. Todo lo que Dios te dio, te lo dio para mí y para todos los demás. Te bendice con dones adicionales cuando usas las bendiciones que ya has recibido para bendecir a otros. En otras palabras, la fertilidad siempre se da para hacerte una bendición para otros. Eres bendecido cuando tomas lo que tienes y lo entregas. Esto es verdad, porque compartir el potencial revela tanto las posibilidades escondidas como libera los dones adicionales.

....

Todo lo que Dios te dio, te lo dio para mí y para todos los demás.

....

Una semilla no produce nada si no rinde su potencial al suelo. Si dice: "Voy a guardar lo que tengo", el potencial para producir un árbol se pierde. Sólo cuando la semilla abandona la cáscara externa y pone raíces en el suelo que le permiten recibir nutrición de éste, puede liberar el potencial para ser un árbol. A través de la abnegación, la semilla se transforma y da origen a nuevas posibilidades. Después el árbol, al haber sido bendecido por el don de la semilla, comienza a hacer salir flores, y muestra algo de su fruto. Con el tiempo, produce fruto con más semillas que pueden continuar el ciclo de dar. Si algo a lo largo del camino escoge retener el potencial, ya sea la semilla, el árbol o el fruto, el ciclo se rompe y se pierde mucho potencial.

La misma verdad es evidente en la música de una orquesta. El potencial de los instrumentos para producir música no puede satisfacerse hasta que los músicos liberan las notas individuales. Si tan solo un músico se niega a liberar lo que posee, la pérdida se extiende más allá de aquel que retiene la contribución, porque el potencial contenido de uno afecta el potencial de todos. De hecho, la música o permanece oculta e inactiva o emerge deformada e incompleta. Todos sufren una pérdida, los músicos y la música, si sólo una persona o un instrumento se niega a cooperar. Solamente cuando todos dan lo que poseen el potencial de la música se puede liberar.

El dar expone el potencial

Los tesoros que están ocultos y bajo llave no benefician a nadie. Digamos, por ejemplo, que tu abuela te dio un collar hermoso que usó cuando se casó. Si lo guardas bajo llave y seguro, y nunca lo usas, la belleza del mismo se desperdicia.

O quizás tengas los regalos de boda de delicada porcelana, auténtica plata y fino cristal que nunca has usado para servir una comida. Desperdicias el potencial de esos platos. No pueden hacer aquello que se supone que tienen que hacer si están en un estante. Las personas te los compraron para que los usaras. *El tesoro es inútil a menos que lo expongas*. El potencial nunca se puede alcanzar si no tiene la oportunidad de dar.

El potencial nunca se puede alcanzar si no tiene la oportunidad de dar.

Este era el poder de las palabras de John F. Kennedy, las cuales habló en su primer discurso como presidente de los Estados Unidos: "No te preguntes lo que tu país puede hacer por ti, sino lo que tú puedes hacer por tu país". Las palabras de Kennedy nos impulsan a enfocarnos en lo que podemos *dar* en vez de en lo que podemos *recibir*. Es a través del dar que descubrimos lo que podemos hacer y ser.

Esta fue también la verdad compartida por el apóstol Pablo: "...*Hay más dicha en dar que en recibir*" (Hechos 20:35). Liberar lo que has recibido te beneficia a ti y a otros. Retener un tesoro hace perder el derecho de la bendición heredada en él, y ninguno se beneficia de éste. Al igual que la semilla, *debes liberar lo que Dios ha puesto en ti para el mundo*. Haces esto al liberar las semillas en el suelo de las vidas de otros.

Dios es un dador

Dios libera semillas de forma constante en el suelo de tu vida. Es un dador y te creó para que fueras como Él. El fundamento de la naturaleza dadivosa de Dios se revela en su propósito al crear hombres y mujeres.

Dios hizo a Adán y a Eva para tener a alguien a quien amar y bendecir, más hijos como Cristo, su Hijo encarnado. A pesar de que Dios poseía todo lo que había creado, aquellas cosas eran inútiles para Él, hasta que creó al hombre para que el potencial de sus creaciones fuera liberado a medida que fueran utilizadas y, de esta forma, exhibieran su abundancia.

En esencia, Dios, quien es amor, creó al hombre para satisfacer su potencial para amar. El amor no vale nada hasta que se entrega. Debe tener un objeto para que se complete. Por consiguiente, Dios necesitaba algo sobre lo cual prodigar su amor, algo que pudiera entender y apreciar lo que Él tenía para dar. De todas las criaturas de Dios, solo los hombres y las mujeres comparten el Espíritu de Dios y, por lo tanto, pueden apreciar su amor.

Eres el objeto del amor de Dios. Debido a que el amor sólo se puede lograr cuando el que recibe el amor es como el que lo da, Él te creó como a Él mismo, para que seas amado por Él y ames de la forma en la que Él lo hace.

La reciprocidad de dar

Piensa en la última vez que compraste una tarjeta o un regalo para tu cónyuge o un amigo íntimo. La mayor parte del placer al dar el regalo se halla en la elección de algo que deleitará a quien se lo des. El significado del regalo se encuentra en el amor compartido del que da y del que recibe.

Este es el significado de las palabras de Jesús:

> *No den lo sagrado a los perros, no sea que se vuelvan contra ustedes y*
> *los despedacen; ni echen sus perlas a los cerdos, no sea que las pisoteen.*
> —MATEO 7:6

Una mascota no puede apreciar un anillo de diamante, pero tu amada sí. ¿Por qué? Ella comprende los pensamientos y los sentimientos tanto de los que impulsaron el regalo como de los que se revelan en él. El que recibe un regalo debe entender y apreciar al que lo da antes de que el regalo tenga significado. En el acto de dar se libera amor.

Tú has nacido de forma física porque tus padres dieron, y has nacido de forma espiritual porque Cristo dio. Así como tus padres dieron la semilla de sus cuerpos para liberar el potencial de producir otro ser humano, de la misma forma, Jesucristo dio la semilla que trae nueva vida al liberar su potencial de ser un Salvador. La dádiva de ellos te da vida y la oportunidad de continuar el ciclo de dar. La alegría se encuentra en participar en el patrón de dar, recibir y dar otra vez. Este patrón de liberar potencial al dar y recibir es particularmente visible en el concepto bíblico de una bendición.

Bendecido para ser una bendición

La dádiva de una bendición es una imagen importante de La Escritura. Ya sea Dios, un padre u otra persona la que da la bendición, es un regalo que expone posibilidades y libera poder. Dios bendijo a Adán y a Eva (ver Génesis 1:28), y a Noé y a sus hijos (ver Génesis 9:1) al hacer surgir en ellos el potencial para ser fructíferos, de manera que aumentaran en número y llenaran la Tierra. De la misma forma, bendijo a Sara, la esposa de Abraham, cuando liberó la posibilidad de que fuera madre (ver Génesis 17:15-16). Isaac le pasó a Jacob el poder para ser el señor de la familia cuando lo bendijo (ver Génesis 27:27-29). Jacob, en turnos, bendijo a cada uno de sus hijos, y reveló el futuro de cada uno (ver Génesis 49). En cada caso, la bendición confirmó lo que Dios ya se había propuesto para el que recibía la bendición.

Las bendiciones nunca se dan exclusivamente para el beneficio de aquel que las recibe. Eso quiere decir que todo lo que Dios te ha dado: la ropa, la comida, la casa, el auto, la bicicleta, la educación, la inteligencia, la personalidad, etcétera, ha sido para que lo pudieras maximizar al compartirlo. No puedes liberar todo el potencial de algo si no lo compartes.

Las bendiciones nunca se dan exclusivamente
para el beneficio de aquel que las recibe.

Abraham no sólo recibió una bendición de Dios; también fue *hecho* una bendición para otros:

> *Haré de ti una nación grande, y te bendeciré; haré famoso tu nombre,*
> *y serás una bendición. Bendeciré a los que te bendigan y maldeciré a los*
> *que te maldigan; ¡por medio de ti serán bendecidas todas las familias de*
> *la tierra!*
>
> —GÉNESIS 12:2-3

Lo mismo fue verdad para la esposa de Abraham, Sara (ver Génesis 17:16), su hijo Isaac (ver Génesis 26:4) y su nieto Jacob (ver Génesis 28:14). La bendición de Dios también se completó a través del hijo de Jacob, José, quien preservó al pueblo de Dios en medio de una hambruna severa. Cada uno compartió las bendiciones de Dios para que otros pudieran ser bendecidos.

Dios trabaja desde esta perspectiva: "Voy a compartir contigo para que recibas bendición cuando comparta contigo, y a su vez, bendecirás a otros cuando compartas con ellos". Él te da para que puedas compartir su potencial, al estar motivado a dar de todo lo que Dios te da. Por lo tanto, *la tarea de la humanidad es imitar la actitud de Dios al explotar en cada persona todo lo que él o ella posean.* Existes para sacar cosas de mí y yo existo para sacar cosas de ti.

Dios halla gozo al darte para que les des a otros. Te bendice para que bendigas a otros. Sin importar cuáles sean tus circunstancias, hay una forma en la que puedes compartir el potencial con otros. Si estás confinado en la casa, entrégate a través de la oración o el ministerio de motivación a través de tarjetas, cartas y llamadas telefónicas. O quizás te has jubilado y cuentas con pocos recursos financieros pero con mucho tiempo. Inviértelo a favor de un niño.

Cualesquiera sean las bendiciones, encuentra una forma de compartirlas. Esta es la intención de Dios al dártelas. Tus dones pueden ser diferentes de los míos, pero el valor es igual si servimos al mismo Señor con el mismo Espíritu (ver 1 Corintios 12:1-7). *Tus dones son para mí y los míos, para ti. Juntos podemos bendecir el mundo. Esta es la forma en la que se libera el potencial.*

Recibir sin dar resulta en destrucción

La verdadera alegría se encuentra no en lo que logras sino en quién se beneficia con tu éxito. Morir a ti mismo y darte a mí y a otros cosechará para ti la alegría de ver los esfuerzos reproducidos muchas veces sobre nosotros. El que tú compartas dará vida a muchos.

Si, no obstante, te niegas a compartir, destruirás tanto la alegría de Dios al darte como tu alegría al brindar a otros lo que Él te da. También perderás el derecho a las bendiciones, porque aquellos que desean recibir de la abundancia de Dios deben usar de forma sabia lo que Él da. Esto es así, porque al egoísmo le preocupa sólo su propia prosperidad y bienestar. Carece de interés en las preocupaciones y necesidades de otros.

No puedes imitar la naturaleza dadivosa de Dios si retienes todo lo que tienes para tus propios deseos y necesidades; ni tampoco tu balde puede sacar de las aguas profundas que hay en mí. Un egoísmo tal, mata el potencial y reduce la probabilidad de que mi potencial te bendiga.

La verdadera sabiduría es entender esta interdependencia: *"Los pensamientos humanos son aguas profundas; el que es inteligente los capta fácilmente"* (Proverbios 20:5). Esto no puede suceder, sin embargo, si los pensamientos acerca de nosotros mismos nos consumen.

El egoísmo destruye la felicidad y la satisfacción personal

Fuiste creado para dar. Cuando derrochas el potencial en ti mismo, tu potencial y todo lo que logras al usarlo pierde el significado. El rey Salomón aprendió esto cuando pasó por la vida haciendo una cosa tras otra para él.

Lo más absurdo de lo absurdo, —dice el Maestro—, lo más absurdo de lo absurdo, ¡todo es un absurdo! ¿Qué provecho saca el hombre de tanto afanarse en esta vida? [...] Realicé grandes obras (...), cultivé mis propios huertos y jardines, y en ellos planté toda clase de árboles frutales. También me construí aljibes (...)

Me hice de esclavos y esclavas;(...), y mucho más ganado vacuno y lanar que todos los que me precedieron en Jerusalén. Amontoné oro y plata [...]

No le negué a mis ojos ningún deseo, ni a mi corazón privé de placer alguno, sino que disfrutó de todos mis afanes ¡Sólo eso saqué de tanto afanarme! Consideré luego todas mis obras y el trabajo que me había costado realizarlas, y vi que todo era absurdo (...)

Aborrecí entonces la vida, pues todo cuanto se hace en ella me resultaba repugnante. Realmente, todo es absurdo; ¡es correr tras el viento! Aborrecí también el haberme afanado tanto en esta vida, pues el fruto de tanto afán tendría que **dejárselo a mi sucesor** *[...]*

El fin de este asunto es que ya se ha escuchado todo. Teme, pues, a Dios y cumple sus mandamientos, porque esto es todo para el hombre. Pues Dios juzgará toda obra, buena o mala, aun la realizada en secreto.
—ECLESIASTÉS 1:2-3; 2:4-8,10-11, 17-18; 12:13-14,
ÉNFASIS AÑADIDO

El trabajo y el esfuerzo que se centran en uno mismo no tienen sentido. No importa qué es lo que logres, nada de eso te dará satisfacción a menos que des de lo que tienes. Ni las riquezas acumuladas te darán felicidad, porque carecen de sentido si no entiendes y buscas cumplir con el propósito de Dios al dártelas.

....
El trabajo y el esfuerzo que se centran en
uno mismo no tienen sentido.
....

Debes compartir lo que ganas antes de que te dé placer y satisfacción, porque el compartir asegura que las bendiciones que has recibido continuarán y otros también serán bendecidos. Este principio básico de compartir es fundamental para maximizar el potencial.

Si te niegas a compartir, el potencial te matará, porque no puedes disfrutar la libertad en la conciencia cuando actúas en contra del diseño natural de dar. El placer terminará, pero la conciencia permanecerá hasta que haya completado su tarea. Trabajará en ti hasta que reconozcas el error de tus formas. Sólo al liberar todo lo que Dios te ha dado puedes tener una conciencia pura y santa ante Él y encontrar el significado en la vida. El buscar el placer egoísta siempre destruye al que lo busca. De manera similar, el potencial que no se comparte consume a la persona que busca asirlo con firmeza para el beneficio egoísta.

El egoísmo destruye el gozo de dar

Primero, el egoísmo destruye el placer de Dios de verte compartir todo lo que te ha dado. Cerca del final de su vida, Jesús recordó a los discípulos que no debían lograr nada separados de Él. Lo mismo es verdad en nuestras vidas. Así como Jesús permaneció en comunión y conversación con Dios a lo largo de toda la vida, de la misma forma debemos permanecer en Él. Sin la relación constante con Dios, la fertilidad sufre y nos convertimos en nada más que en un leño para ser arrojado al fuego. El poder del potencial se ha ido (ver Juan 15).

La ausencia de poder daña tanto a la persona que se ha distanciado de Dios como a Dios mismo. Nos creó para que lleváramos el fruto que refleje su naturaleza y gloria. Cuando descuidamos el cumplir con el propósito, entristecemos el corazón de Dios.

El placer de Dios en Jesús fue evidente, cuando habló desde una nube en el momento del bautismo de Jesús y otra vez en el monte de la transfiguración (ver Mateo 3:17 y 17:5). La fuente de su placer fue la total disposición de Jesús para cumplir con el propósito para el cual había sido enviado al mundo y para liberar su potencial.

> Yo no puedo hacer nada por mi propia cuenta; juzgo sólo según lo que oigo, y mi juicio es justo, pues no busco hacer mi propia voluntad sino cumplir la voluntad del que me envió.
>
> —JUAN 5:30

> El que habla por cuenta propia busca su vanagloria; en cambio, el que busca glorificar al que lo envió es una persona íntegra y sin doblez.
>
> —JUAN 7:18

> El que me envió está conmigo; no me ha dejado solo, porque siempre hago lo que le agrada.
>
> —JUAN 8:29

> "Yo te he glorificado en la tierra, y he llevado a cabo la obra que me encomendaste. Y ahora, Padre, glorifícame en tu presencia con la gloria

que tuve contigo antes de que el mundo existiera. A los que me diste del mundo les he revelado quién eres. Eran tuyos; tú me los diste y ellos han obedecido tu palabra (...) Todo lo que yo tengo es tuyo, y todo lo que tú tienes es mío; y por medio de ellos he sido glorificado (...) Ahora vuelvo a ti, pero digo estas cosas mientras todavía estoy en el mundo, para que tengan mi alegría en plenitud.

—JUAN 17:4-6,10,13

¿Cuál era esta alegría en plenitud de Jesús?

Fijemos la mirada en Jesús, el iniciador y perfeccionador de nuestra fe, quien por el gozo que le esperaba, soportó la cruz, menospreciando la vergüenza que ella significaba, y ahora está sentado a la derecha del trono de Dios.

—HEBREOS 12:2

La obediencia. Jesús encontró alegría en hacer lo que Dios le había pedido. El camino de dolores, por cierto, no le dio felicidad mientras caminaba en él, pero miró más allá del dolor y la vergüenza a la recompensa de reclamar el lugar correcto a la diestra del Padre.

Esta también es la fuente de placer de Dios en nosotros. Mientras nosotros compartamos de manera obediente todo lo que Dios nos ha dado para el mundo, hallaremos que se deleita en nosotros. Si, no obstante, rechazamos el cumplir sus planes y propósitos y nos rehusamos a permitir que su naturaleza y semejanza gobierne los pensamientos y acciones, destruimos la plenitud de gozo que podríamos haberle llevado de haber buscado sus propósitos y obedecido sus principios.

Segundo, el egoísmo destruye el gozo de dar. Cuando acumulamos y escondemos lo que recibimos de parte de Dios, nos negamos a nosotros mismos los deleites de compartir los dones de Dios. La segunda carta del apóstol Pablo a la iglesia de Corinto revela este deleite.

En medio de las pruebas más difíciles, su desbordante alegría y su extrema pobreza abundaron en rica generosidad. Soy testigo de que dieron espontáneamente tanto como podían, y aún más de lo que podían, rogándonos con insistencia que les concediéramos el privilegio de tomar parte en esta ayuda para los santos (...) De modo que rogamos a Tito que llevara a feliz término esta obra de gracia entre ustedes, puesto que ya la había comenzado. Pero ustedes, así como sobresalen en todo —en fe, en palabras, en conocimiento, en dedicación y en su amor hacia nosotros—, procuren también sobresalir en esta gracia de dar.

—2 Corintios 8:2-4,6-7

Las iglesias macedonias entendieron que compartir es un privilegio que se debe buscar y disfrutar. Por lo tanto, daban, incluso, cuando tenían poco. Hacemos bien en aprender esta misma lección. No es la magnitud de nuestro don, sino simplemente el acto de compartir lo que produce alegría. Cuando nos rehusamos a compartir nos negamos a nosotros mismos este beneficio.

Tercero, *el egoísmo destruye la alegría de ver a otros compartir lo que les hemos dado.* El apóstol Pablo también habla acerca de esta alegría:

En todas mis oraciones por todos ustedes, siempre oro con alegría, porque han participado en el evangelio desde el primer día hasta ahora. Estoy convencido de esto: el que comenzó tan buena obra en ustedes la irá perfeccionando hasta el día de Cristo Jesús.

—Filipenses 1:4-6

El compañerismo habla de compartir. Cuando fallamos al compartir el potencial, este compañerismo pierde el derecho, y el fruto para el cual nos eligieron y comisionaron se pierde.

No me escogieron ustedes a mí, sino que yo los escogí a ustedes y los comisioné para que vayan y den fruto, un fruto que perdure. Así el Padre les dará todo lo que le pidan en mi nombre.

—Juan 15.16

Dios se acongoja por esta pérdida, debido a que la pérdida de potencial limita su actividad en la Tierra y destruye el gozo de compartir para Dios, para nosotros y para aquellos con quienes podríamos haber compartido. El egoísmo siempre destruye la alegría de dar.

El egoísmo destruye el don

Con frecuencia, las personas que cargan en su interior con un gran tesoro lastiman a Dios porque lo guardan para sí. Digamos, por ejemplo, que eres un investigador médico que descubre una cura para la leucemia. En vez de compartir los resultados de la investigación con otros, guardas el conocimiento secreto de forma cuidadosa para que nadie más se pueda llevar el mérito de tu descubrimiento. Mientras tanto, muchas personas mueren de forma innecesaria. Con el tiempo, el talento que Dios te dio para sanar será destruido. Debido a que estás tan preocupado en que alguien pueda recibir el reconocimiento que mereces, perderás el deseo de estudiar y recibir nuevos entendimientos médicos. Tu egoísmo al guardar el tesoro para ti, al final, destruye el verdadero don que es la fuente de tu riqueza. *El potencial que no se comparte destruye el ser.*

El egoísmo detiene el flujo de las bendiciones de Dios

Finalmente, el egoísmo destruye el ciclo de dar iniciado por Dios. Con mucha frecuencia, no tienes porque derrochas en ti mismo todo lo que has recibido. Dios te dará todas las cosas si le pides recibir para dar a otros. Soy bendecido porque tengo la pasión de darte a ti todo lo que Dios me ha dado.

Dios espera que des a otro todo lo que ha derramado sobre ti. Deshazte de ello. Haz lugar para más de la vasta cantidad que ha preparado derramar sobre ti. Demoras los planes y propósitos de Dios cuando te aferras a las bendiciones, y pones fin al potencial cuando te niegas a compartir todo lo que has recibido. Jesús dijo:

> *Den, y se les dará: se les echará en el regazo una medida llena, apretada, sacudida y desbordante. Porque con la medida que midan a otros, se les medirá a ustedes.*
>
> —LUCAS 6:38

....

Dios espera que le des a otro todo lo que ha derramado sobre ti.

....

Algunos de ustedes han sido bendecidos con maravillosos talentos, dones y conocimiento. Me pregunto qué pasa con ellos. Fluye con las habilidades que Dios te ha dado. Úsalos para bendecir a otros y para glorificar a Dios. No te preocupes si los dones y talentos no son tan grandes como te gustarían. Úsalos para beneficiar a otros, y los verás crecer. Compartir todo lo que Dios te ha dado es un deber si quieres maximizar tu potencial.

PRINCIPIOS

1. El potencial no se puede maximizar y realizar a menos que se lo comparta.

2. Dios comparte contigo para que lo puedas compartir con otros.

3. El aislamiento no es bueno porque impide compartir.

4. Debes compartir el potencial dentro de los límites de las leyes de Dios.

5. El dar transforma y revela el potencial.

6. Las bendiciones de Dios en tu vida exponen su poder dentro de ti y las posibilidades que son tu potencial.

7. La retención egoísta de los dones de Dios destruye:

   · la alegría de Dios al dar,
   · tu felicidad y logro personal,
   · tu alegría al dar a otros,

· tu alegría al ver a otros compartir lo que han recibido de ti,
· los dones que se dan,
· la evidencia continua en tu vida de las bendiciones de Dios.

8. Dar tu potencial a otros es la clave básica para maximizar todo lo que Dios te ha dado para tu bendición y el beneficio de otros.

Capítulo 7

Tu potencial y la próxima generación

Vivir para hoy es ser corto de vista;
vivir para mañana es tener visión.

Así como una semilla tiene un bosque dentro, de la misma forma contenemos mucho más de lo que se ve al nacer. Todo es diseñado por Dios no sólo para reproducirse a sí mismo sino también para transferir la vida y el tesoro que contiene a la generación siguiente. El potencial no se maximiza por completo hasta que se reproduce a sí mismo en la próxima generación.

Un proverbio chino antiguo que dice: "El fin de una cosa es mayor que su comienzo" suena real para nuestras vidas. El rey Salomón coincidió con esta verdad: *"Me fijé que en esta vida la carrera no la ganan los más veloces, ni ganan la batalla los más valientes"* (Eclesiastés 9:11a). Cada persona es, por lo tanto, responsable de vivir al máximo por el bien de la generación siguiente. El rey Salomón lo afirma de esta forma: *"El hombre de bien deja herencia a sus nietos"* (Proverbios 13:22a).

UNA VIDA SIN SEMILLA

Jamás olvidaré el día en el que descubrí por primera vez un fruto sin semilla. Uno de los placeres que disfruto dentro de mi agenda muy ocupada es acompañar a mi esposa a la tienda de alimentos, lo cual nos da tiempo para planear las comidas de la familia y descubrir nuevos productos juntos.

En una de esas ocasiones, mientras nos acercábamos a la sección de frutos, me intrigué al ver un gran cartel que presentaba uvas y naranjas sin semillas. Al principio me alegré con la esperanza de poder disfrutar por primera vez de las uvas sin el inconveniente de tener que sacar las semillas. (No hay duda de que este nuevo híbrido producido se desarrolló en respuesta a la demanda del mercado por frutos que se puedan disfrutar sin el inconveniente de las semillas). Entonces, rápidamente escogí un kilogramo de uvas rojas y blancas y una bolsa de naranjas, con la expectativa de comerlas.

La impaciencia por experimentar la emoción de uvas sin semilla me instó a colocar la bolsa de uvas a mi lado en el auto, así las podría disfrutar mientras manejaba a casa. Qué placer hundir los dientes en uvas frescas, jugosas y dulces sin tener que preocuparme por las semillas. Fue como un sueño hecho realidad. Inmediatamente después de que habíamos llegado a casa, corté una naranja en rodajas y me quedé asombrado ante el hecho de un fruto sin semilla. Otra vez, experimenté un nuevo placer, al chupar el jugo de una naranja madura sin semilla.

Más tarde, ese día, regresé a la cocina para disfrutar del resto de mi nuevo descubrimiento y para maravillarme ante esta proeza de la ciencia botánica. De repente, en el medio del placer, quedé sorprendido por este pensamiento: "si estas uvas y naranjas no tienen semillas, ¿cómo pueden reproducir otra generación de fruto?". Después de todo, la vida y el poder están en la semilla, no en el fruto. De inmediato, me di cuenta de que disfrutaba de un placer momentáneo a costa de la reproducción generacional. El fruto era hermoso, maduro, dulce, jugoso y placentero para comer, pero carecía del potencial para transferir su singularidad a otra generación. *En realidad el árbol no está en el fruto sino en la semilla.*

La vida y el poder están en la semilla, no en el fruto.

Dios creó las semillas para garantizar la realización de generaciones futuras. Cada planta, animal, pájaro, reptil e insecto poseen dentro de sí la habilidad y el potencial para reproducirse a sí mismos y continuar la propagación de su especie. Considera, entonces, la perspectiva en la que cada semilla decidiera germinar, desarrollarse en un árbol hermoso y tener fruto jugoso, dulce y sin semilla. ¿Cuál sería el resultado? ¡Una tragedia natural! El caos se suscitaría y al final, el genocidio de la humanidad seguiría mientras el oxígeno desaparecería de la atmósfera debido a la falta de árboles.

Por favor nota que la semilla en este ejemplo sí cumplió parte de su propósito. Germinó, creció, se desarrolló e incluso produjo fruto. Sin embargo, la totalidad del potencial no se cumplió porque no se extendió al máximo potencial de liberar las semillas. Debido a que la semilla falló al reproducirse, a la generación siguiente de árboles se le robó la vida, y por consiguiente, afectó la raza humana por completo y toda la creación. Este es el impacto cuando un elemento de la naturaleza retrae el verdadero potencial y se niega a maximizarse.

De forma trágica, hay millones de personas que existen en "vidas sin semillas". Se las concibe, crecen, se desarrollan, se visten, huelen bien y lucen bien e incluso fingen ser felices. Sin embargo, todo lo que son muere con ellos porque fallan al no transmitir todo lo que Dios les dio. No tienen sentido de la responsabilidad generacional. No tienen idea de su deber para con el futuro. Ningún hombre nace para vivir o morir para sí mismo. Cuando una semilla maximiza su potencial, no sólo alimenta a la generación siguiente, sino que también la garantiza a través de las semillas en el fruto.

Ningún hombre nace para vivir o morir para sí mismo.

Dios te dio la riqueza del potencial: tus dones, talentos, habilidades, energías, creatividad, ideas, aspiraciones y sueños, para la bendición de otros. Tú llevas la responsabilidad de activar, liberar y maximizar el potencial como un depósito para la generación siguiente.

LA ESCUELA A LA QUE CASI MATARON

Hace varios años me invitaron para hablar en una conferencia de una iglesia en Gary, Indiana, acerca del tema de descubrir el propósito en la vida. Antes de que me presentaran, el anfitrión invitó a un hombre para que expusiera de forma breve acerca del establecimiento de una institución educativa que se había distinguido en esa comunidad. Un caballero modesto, de edad mediana, pasó adelante y comenzó a referir una historia que penetró mi alma. Contó acerca de cómo su madre había fallado en el intento de abortarlo cuando aún era un feto, y había vivido en hogares adoptivos por toda la ciudad durante muchos años. Enfatizó el hecho de cómo había soñado con proveer un ambiente en el cual los jóvenes pudieran crecer y aprender para que no tuvieran que sufrir lo que él había experimentado. Presentó a la audiencia la escuela que había fundado y establecido; una escuela que se había convertido en una de las instituciones académicas líderes para los estudiantes secundarios en esa ciudad.

Imagina si la madre hubiera tenido éxito. Hubiera matado una escuela. A pesar de su pasado y su herencia menos que ideal, este soñador se levantó por encima de las circunstancias y maximizó su potencial, el cual ahora beneficia a las generaciones por venir.

El profeta Elías también ejemplifica la importancia de vivir al máximo y rechaza el conformarse con las circunstancias actuales. Así como se registra en el libro de 1 Reyes, Elías confrontó a los profetas de Baal y los desafió a un certamen para probar que Jehová es el Dios verdadero. La prueba era construir un altar y llamar a Dios para que enviara fuego de los cielos y consumiera el sacrificio. Después de mucha oración y danza de los profetas de Baal, no había respuesta o resultados. Entonces Elías comenzó a clamar al Señor Dios y cayó fuego y consumió el sacrificio. Más tarde, le ordenó a las personas que aprehendieran a los profetas de Baal y todos fueron destruidos. Cuando la reina Jezabel, una adoradora de Baal, oyó las noticias, envió un mensaje a Elías que amenazaba su vida.

Elías se asustó y huyó para ponerse a salvo. Cuando llegó a Berseba de Judá, dejó allí a su criado y caminó todo un día por el desierto. Llegó adonde había un arbusto, y se sentó a su sombra con ganas de morirse. «¡Estoy harto, Señor! —protestó—. Quítame la vida, pues no soy mejor que mis antepasados».

—1 Reyes 19:3-4

Después de todos los grandes logros y hazañas, este profeta distinguido tenía un deseo de muerte con tendencias suicidas. Dios no se persuadió. Intervino y le mostró a Elías que tenía mucho más para lograr antes de que todo su potencial y propósito se maximizara. Después Dios le dio instrucciones a Elías para ungir a los reyes siguientes sobre Siria e Israel y, de manera más significativa, para ungir a Eliseo para que lo sucediera como profeta.

Sólo supón que Elías hubiera muerto cuando quería renunciar. Su sucesor, Eliseo, quien llevó a cabo el doble de los muchos milagros de Elías, no hubiera descubierto el propósito y no hubiera realizado el potencial. Es imperativo, por lo tanto, que nunca nos conformemos con el promedio de las circunstancias porque hay miles de "Eliseos" que esperan nuestra obediencia para cumplir con sus vidas.

MAXIMIZAR EL POTENCIAL ES MORIR VACÍO

Como he afirmado en libros anteriores, el lugar más rico en este planeta no son las minas de oro, las minas de diamantes, los pozos petroleros o las minas de plata en la Tierra, sino el cementerio. ¿Por qué? Porque enterrados en las tumbas hay sueños y visiones que nunca se llevaron a cabo, libros que nunca se escribieron, cuadros que nunca se pintaron, canciones que nunca se cantaron e ideas que murieron como ideas. Qué tragedia, la riqueza del cementerio.

Me pregunto cuántos miles, quizás millones, de personas serán más pobres porque no pueden beneficiarse de la riqueza asombrosa del tesoro de tu potencial: los libros que has negado escribir, las canciones que has rehusado componer o los inventos que todavía pospones. Quizás hay millones que necesitan el ministerio o negocio que aún debes establecer. Debes maximizar tu vida por el bien del futuro. La generación siguiente necesita tu potencial.

La generación siguiente necesita tu potencial.

Piensa en los muchos inventos, libros, canciones, obras de arte y otros grandes logros que generaciones pasadas han dejado para que tú y yo disfrutemos. Así como el tesoro de ellos se ha convertido en nuestra bendición, de la misma forma nuestro potencial debería convertirse en la bendición de la generación siguiente. El apóstol Pablo, en la carta a su joven amigo Timoteo, describe su vida como una ofrenda para beber que se derramó para otros.

Yo, por mi parte, ya estoy a punto de ser ofrecido como un sacrificio, y el tiempo de mi partida ha llegado. He peleado la buena batalla, he terminado la carrera, me he mantenido en la fe.

—2 TIMOTEO 4:6-7

Qué sentido de destino, propósito y logro contienen estas palabras. No hay indicio de arrepentimiento o remordimiento, sólo confianza y satisfacción personal.

Millones de personas de la población mundial, tanto de la actual como de generaciones pasadas, han derramado algo de su potencial, cumplido algunos de sus sueños y alcanzado algunos de sus objetivos. Todavía, debido a que se han negado a maximizar la vida, su copa mantiene una porción de su propósito, estancados en la depresión, el arrepentimiento y la muerte.

Te exhorto, decide hoy actuar sobre el resto de tu sueño. Comprométete con el objetivo de morir vacío. Jesucristo, nuestro Señor, al final de su tarea terrenal, dio evidencia de su éxito en maximizar su vida al cumplir toda la voluntad de Dios para Él en la Tierra. Mientras iba al lugar de crucifixión, muchas personas lo seguían, acongojados y gimiendo. Al verlos, Jesús les dijo: *"Hijas de Jerusalén, no lloren por mí; lloren más bien por ustedes y por sus hijos"* (Lucas 23:28b).

La implicancia es evidente: "He completado la tarea, he permanecido a través del curso y he finalizado la tarea. He vaciado mi ser y todo mi potencial. Ahora es tu turno".

NO SEAS UN LADRÓN GENERACIONAL

Primero descubre para qué naciste, luego hazlo. Cumple tu propio propósito personal para la gloria de Dios. Tu obediencia a la voluntad y al propósito de Dios para tu vida es una decisión personal, pero no privada. Dios ha diseñado el universo de forma tal que los propósitos de la humanidad sean interdependientes; tu propósito afecta a millones. Maximizar el potencial es, por lo tanto, necesario y crucial. Tu esfera de influencia es mucho mayor que tu mundo privado.

....

Tu esfera de influencia es mucho mayor que tu mundo privado.

....

Supongamos que María hubiera abortado a Jesús, o Andrés hubiera omitido presentar a Pedro a Jesús. Qué hubiera sucedido si Abraham no hubiera dejado la tierra de Ur, o si José se hubiera negado a ir a Egipto. O supongamos que Ananías no hubiera orado para que Saulo se convirtiera en Pablo, o que el pequeñito se hubiera negado a darle a Jesús su almuerzo. ¡Qué diferente que sería el registro bíblico! Estos ejemplos muestran que a pesar de que nuestra obediencia es siempre una decisión personal, nunca es un tema privado.

No le robes a la generación siguiente tu contribución para el destino de la humanidad. Maximiza tu ser para la gloria de Dios. Recuerda, aquel que planta un árbol planea prosperidad. *"En casa del sabio abundan las riquezas y el perfume, pero el necio todo lo despilfarra"* (ver Proverbios 21:20).

PRINCIPIOS

1. La vida y el poder para reproducir están en la semilla.

2. Robas a tus hijos cuando retraes el potencial.

3. Debes maximizar tu vida para el beneficio de la generación siguiente.

4. El potencial no se maximiza por completo hasta que se reproduce a sí mismo en la generación siguiente.

5. El obedecer la voluntad de Dios par tu vida y cumplir su propósito es una decisión personal pero no es privada, porque tu esfera de influencia es mucho mayor que tu mundo privado.

Capítulo 8

Entiende y obedece las leyes de la limitación

La libertad sin ley es anarquía. La libertad
sin responsabilidad es irresponsabilidad.

E l sol de la mañana brillaba con gran resplandor en las olas agitadas de la bahía, mientras un pequeño bote a motor se movía con lentitud sobre el agua. Quizás, ciento ochenta metros más lejos, catorce nadadores iban de aquí para allá en las aguas frías. Veinte hombres y mujeres habían comenzado la carrera esa mañana, pero seis habían sido sacados del agua por uno de los tantos botes que permanecían en línea. Cansancio, calambres musculares o cualquier otro mal los había sacado de la carrera, incluso, antes de que los nadadores hubieran llegado al punto medio.

Justo ahora los nadadores estaban agrupados más cerca de lo que habían estado por algún tiempo. Cuando la costa lejana comenzó a divisarse, los competidores parecían echar mano a los recursos y jalar con más poder y precisión. Entre ellos y la playa yacía la prueba mayor: un área de corrientes que se mueven con mucha rapidez que habían llevado a más de un nadador lejos hacia el mar, antes de poder ser rescatado, o finalmente se había dado por vencido y ahogado.

De los catorce nadadores en el agua, trece habían nadado antes en la bahía. Conocían por experiencia los peligros de las corrientes. A pesar de que aquellos que observaban desde los botes echaban un ojo sobre los veteranos, fue al nadador novato al que observaron más de cerca. Justo ahora estaba en la delantera, muchos cientos de metros delante del pelotón.

¿Haría caso a las advertencias y seguiría las instrucciones que le habían dado para nadar hasta la costa un poco antes de intentar cruzar el canal que se mueve con rapidez? Si lo hacía, ganaría la carrera con facilidad. Si no lo hacía, por pensar que no quería perder tiempo al nadar de forma paralela a la costa, o que era lo suficientemente fuerte como para enfrentar las corrientes de frente, estaban listos para moverse rápidamente y rescatarlo. Todos observaban con ansiedad para ver qué es lo que haría.

Mientras el novato se acercaba a las boyas que marcaban el agua que se movía con rapidez, pareció por un momento que se quedaría dentro del curso marcado y nadaría corriente arriba. No se había movido más que veinte metros, no obstante, cuando se dio vuelta y nadó directamente hacia la costa. De forma instantánea, los motores cobraron vida y dos botes fueron a toda velocidad a través del agua hacia el nadador que ahora luchaba. Estos eran botes de la guardia costera tripulados por rescatistas experimentados.

Luego, esa tarde, cuando todos los nadadores habían llegado a la playa, incluido el novato, a quien habían traído en un barco de la guardia costera, el ganador de la carrera se acercó al joven que casi se había ahogado.

—¿Por qué cambiaste de parecer? —le preguntó—. Los oficiales me dijeron que comenzaste a seguir el camino marcado para nosotros, pero que de repente viraste hacia la costa.

—Esos veinte metros que nadé en contra de la corriente fueron tan fáciles que pensé que toda la alharaca acerca del canal sólo era mucha exageración. Por eso decidí atravesarlo para ganar la carrera por un amplio margen. Pronto me di cuenta de que no sólo no ganaría la carrera, sino que ni siquiera la terminaría. Por un instante me sentí estúpido por desperdiciar la carrera, pero después me di cuenta de que también había puesto mi vida en peligro. Nunca intentaré esto otra vez.

—Yo pienso que el año próximo debes entrar a la carrera otra vez —dijo el corredor veterano—. Eres un nadador de distancia magnífico. Sólo sigue las reglas la próxima vez y hallarás que el punto de cruce determinado por los organizadores de la carrera es desafiante, pero no amenaza la vida. Cada año ese punto es diferente porque las corrientes cambian constantemente, por eso todos tenemos que seguir el curso prescripto. Un año no corrimos para nada debido a que los oficiales no pudieron encontrar un lugar seguro para cruzar el canal. Quería hablar con ellos acerca de promover la carrera de todos modos, pero sabía que sería imprudente. Es muy probable que, de todos modos, ninguno hubiera terminado. Bueno, espero verte el año próximo. Ya es hora de que alguien me gane. Por un momento pensé que eso ocurriría este año.

¡Qué triste! A pesar de que el nadador novato tenía el potencial para ganar al veterano, perdió la carrera y casi su vida debido a que escogió virar del curso asignado. Ejerció la libertad de ir por su propio camino. Este aferrarse a la liberad es una tendencia universal. Para maximizar el potencial, debes entender el concepto de libertad y el principio de la ley.

QUEREMOS SER LIBRES

El grito "¡Queremos ser libres!" ha afectado nuestro mundo en maneras asombrosas y atemorizantes dentro de la década pasada. En particular, en el este de Europa el deseo de libertad ha traído revoluciones extensas, gobiernos derrocados y estructuras de poder que han reprimido y oprimido a muchos pueblos. Este mismo anhelo por libertad insta a las mujeres embarazadas a abortar sus bebés, a los hijos, a llevar a los padres ante la corte, y a los alumnos, a buscar un control mayor sobre las medidas de disciplina usadas en las escuelas.

¡Libertad! Suena tan bien. Todos quieren libertad. Los grupos étnicos, los grupos sociales, los grupos religiosos. Los niños, los jóvenes, los adultos. Todos quieren el derecho de determinar sus propias vidas y tomar las decisiones sin la guía o interferencia de alguien más.

No debería sorprendernos, entonces, que muchas frases comunes expresan este deseo ardiente por libertad: libertad de prensa, libertad de elección, libertad de religión, libertad de discurso. Todos revelan el anhelo universal de no ser obstaculizados por los dictámenes y decisiones de otros.

NADA ES LIBRE

¿Es verdaderamente posible? ¿Podemos ser completamente libres? No, pienso que no. Nada es gratis. A pesar de que los anuncios tratan de convencernos de que obtenemos algo por nada: compre uno, lleve uno gratis, aún pagamos por el producto que el anunciante dice que es gratis. De manera similar, el costo de las loterías y premios que les dan a los consumidores para seducirlos a comprar un producto en particular o suscribirse a un cierto periódico, se construye sobre la estructura de precios de la empresa en algún lugar del camino. No podemos obtener algo por nada.

....

Nada es gratis.
No podemos obtener algo por nada.

....

Este axioma también es verdad en las relaciones. No podemos ser libres por completo para hacer lo que queramos, cuando queramos, donde queramos, de la forma en la que queramos y con quien queramos. La libertad siempre tiene un precio porque las acciones de una persona restringen e influencian la libertad de otro. La mujer que aborta al bebé le quita la libertad de vivir, y el alumno que golpea a la maestra que lo reprende, le quita la libertad de mantener el orden en el aula. La libertad sin responsabilidad no puede ser libertad para todos los que están involucrados.

....

Las consecuencias de la libertad sin responsabilidad

....

La anarquía es la libertad de hacer cualquier cosa que queramos, cuando queramos, con quien queramos, sin que nadie nos diga que nos detengamos. Básicamente, desafiamos las normas que gobiernan a la sociedad para que la ley sea apropiada para nosotros, sin ningún sentido de responsabilidad hacia algo o alguien.

Por ejemplo, puedes escoger la libertad de fumar marihuana detrás de tu casa a las tres de la mañana. Sabes que quebrantas la ley, pero eliges hacer caso omiso y ejercer la libertad de hacer como te plazca. *La anarquía siempre resulta en esclavitud, muerte y la pérdida de libertades preexistentes.* La experiencia de Adán y Eva en el jardín verifica esta verdad. La libertad sin ley es cautiverio.

La pérdida de la libertad

Cuando Dios creó al hombre y a la mujer y los colocó en el jardín, les dio las siguientes instrucciones:

> *Puedes comer de todos los árboles del jardín, pero del árbol del conocimiento del bien y del mal no deberás comer. El día que de él comas, ciertamente morirás.*
>
> —GÉNESIS 2:16B-17

Eran libres de comer de cualquier árbol en el jardín, excepto de uno.

Cuando la serpiente convenció al hombre y a la mujer de que comieran de este árbol, Dios los sacó del jardín y perdieron la libertad de comer de los otros árboles que había allí. El deseo de liberarse de las restricciones de Dios les costó la libertad que Dios les había dado de comer de todos los otros árboles del jardín. Por lo tanto, *el primer castigo de la libertad sin responsabilidad es la pérdida de las libertades existentes.*

Esto prueba ser verdad en toda la vida. El adolescente que vuelve a casa después del horario establecido, pierde el privilegio de usar el auto de la familia. El mecánico que cobra tarifas exorbitantes pierde los clientes de su negocio. La trabajadora que toma treinta minutos en vez de diez para la pausa, pierde la libertad de dejar el escritorio sin marcar la salida en el reloj de registro. El político que olvida las promesas de la campaña y traiciona la confianza de las personas que lo pusieron en el poder, pierde la propuesta de reelección y la oportunidad de servir a los constituyentes.

Esclavitud

La esclavitud es la segunda consecuencia de la libertad sin responsabilidad. Cuando el hombre y la mujer desobedecieron a Dios y comieron del árbol del conocimiento del bien y del mal, se convirtieron en esclavos del mal. Antes de su rebeldía contra Dios, Adán y Eva sólo conocían el bien, porque el conocimiento que tenían venía de su relación con Dios, quien es bueno. En el momento del pecado, sus espíritus se separaron del Espíritu de Dios y se convirtieron en esclavos de la rebelión, la raíz de todo pecado. No pudieron ver y hacer lo que Dios pide. Esta pérdida de habilidad para ver y hacer lo que es correcto siempre es el resultado de elegir colocarse a uno mismo por encima de la ley.

De esta manera, el adolescente que, de forma regular, llega después del horario convenido, llega a pensar que ese es su derecho, el mecánico que cobra tarifas exorbitantes pierde de vista la justicia, la trabajadora que toma una pausa extendida da por sentado que la empresa le debe esto y el político que traiciona la confianza de aquellos que lo eligieron no ve el error de sus formas. Cada uno se enreda tanto en las actitudes y acciones rebeldes, que ya no pueden ver lo incorrecto de las acciones. La muerte, inevitablemente, sigue.

La muerte

La tercera consecuencia de la libertad sin responsabilidad es la muerte. Nota de qué forma Dios conectó la violación del límite alrededor del árbol del conocimiento del bien y del mal: *"El día que de él comas, ciertamente morirás"* (Génesis 2:17b). La desobediencia a la ley siempre resulta en muerte.

El adolescente que se entrega a altas horas de la noche finalmente verá la muerte de la confianza de sus padres. El mecánico que toma lo que puede pronto experimentará la bancarrota y la muerte de su negocio. De la misma forma, la trabajadora que extiende la pausa y el político que se niega a cumplir las promesas sufrirán la muerte de sus sueños de avance y reconocimiento. La muerte es el resultado inevitable de la libertad que se trata de obtener a expensas de la obediencia a la ley.

La muerte es el resultado inevitable de la libertad que se trata de obtener a expensas de la obediencia a la ley.

LA NATURALEZA DE LA LEY, DE LOS MANDAMIENTOS Y DE LAS DEMANDAS

El diccionario de la Real Academia Española[2] define la *ley* como "regla y norma constante e invariable de las cosas, nacida de la causa primera o de las cualidades y condiciones de las mismas". Otra definición es "Precepto dictado por la autoridad competente, en que se manda o prohíbe algo en consonancia con la justicia y para el bien de los gobernados". Por lo tanto, una ley regula y gobierna el comportamiento de alguien o algo.

Según el diccionario Merriam Webster,[3] un *mandamiento* es una "orden dada" o una directiva autoritaria. Esta "acentúa el ejercicio oficial de autoridad" y expresa la voluntad de la autoridad basada en las reglas y regulaciones establecidas que gobiernan el grupo. Por lo tanto, un *mandamiento* especifica el comportamiento relacionado con una ley.

Una *demanda* es "el acto de pedir con autoridad". Se basa en la autoridad reconocida del que pide y se construye sobre la orden o mandamiento previo. Por lo tanto, una *demanda* da por hecho que el

---

2. *Diccionario de la lengua española*, 22.ª edición, Madrid, Real Academia Española, 2001

3. *Merriam-Webster's Collegiate Dictionary*, Tenth Edition, Masachusetts, Merriam Webster Incorporated, 1998.

solicitante tiene el derecho de solicitar y especifica el comportamiento en una instancia o circunstancia específica.

Usemos la vida familiar para ilustrar estos principios. Como la cabeza del hogar, el padre puede establecer la ley de que la privacidad de cada persona está asegurada. Esto es algo dado dentro de la estructura de la familia. Después puede emitir la orden o mandamiento de que todos los miembros de la familia deberán golpear en la puerta de una habitación cerrada y esperar la invitación "Adelante" antes de entrar a esa habitación. Este es el mandamiento u orden relacionado con el principio de asegurar la privacidad de cada persona. Finalmente, cuando una hija en el grupo familiar está enojada porque el hermano entra de forma constante a la habitación cuando ella habla por teléfono, el padre puede demandar que el hijo golpee la puerta de la hermana y espere la respuesta.

LA LEY PROVEE DIRECCIÓN PARA LA VIDA DIARIA

Dios ha establecido muchas leyes que influencian nuestra vida. Algunas de estas gobiernan el mundo físico en el cual vivimos; otras controlan las relaciones dentro de la familia humana y con Dios mismo. Por ejemplo, Dios ha establecido el matrimonio como la estructura en la cual las relaciones matrimoniales deberían disfrutarse y los niños deberían crecer. Esta es su ley. "*No cometas adulterio*" (Éxodo 20:14) es uno de los mandamientos construidos sobre esa ley. Por consiguiente, cuando Dios demanda que no debes satisfacer los deseos físicos al comprometerte en relaciones fuera de la relación matrimonial, aplica a la vida diaria la ley que estableció en la creación y el mandamiento que dio en el Monte Sinaí. Especifica de qué forma deberíamos comportarnos en una situación dada.

Las demandas de Dios siempre están basadas en sus leyes y mandamientos. No es caprichoso, ni tampoco quiere destruir nuestro placer. *Él sabe que no podemos cumplir el potencial fuera de sus leyes*, por eso nos da mandamientos relacionados con esas leyes y hace demandas sobre nosotros que aplican sus mandamientos a la situación. Si resistimos sus demandas, provocamos las consecuencias naturales de sus leyes. La ley del amor es un buen ejemplo de este principio.

Dios nos creó para amarnos y para que lo amáramos a Él y a otros en respuesta. El amor es una cualidad innata de su naturaleza y de la nuestra. Los mandamientos "... *que se amen los unos a los otros, como yo los he amado*" (Juan 15:12) y "*Amen a sus enemigos y oren por quienes los persiguen*" (Mateo 5:44b) dirigen las esfuerzos para entender y aplicar esa ley de amor a nuestras vidas. Cuando dejamos de lado esta ley, cargamos con las consecuencias de soledad, enajenación y confusión interna que vienen de forma natural a aquellos que no aman.

No podemos elegir si estas consecuencias vendrán o no a nosotros, ya que son inseparables de la ley. Nuestra única elección es si amaremos o no. De esta manera, vemos que los mandamientos de Dios de amar, como todos sus mandamientos, nos los da para nuestro bien. Aquellos que lo obedecen se evitan el dolor que ataca de forma irrevocable a aquellos que no aman.

Los mandamientos de Dios son para nuestro bien.

Los efectos de las leyes de Dios no se pueden evitar. Son constantes e irrefutables, así como Él lo es. No obstante, tú controlas el impacto de las leyes de Dios en tu vida porque la decisión de obedecer o desobedecer los mandamientos y demandas de Dios es totalmente tuya. De esta forma, *tú controlas tu destino*.

LEE LA LETRA CHICA

Nada puede funcionar a su rendimiento máximo si viola las leyes de Dios o las leyes que dio el fabricante. Estas leyes establecen los límites o limitaciones dentro de las cuales todas las cosas deben funcionar. No hay alternativa. Las consecuencias preestablecidas siempre siguen al fracaso en cumplir con las obligaciones de la ley.

Si algo suena demasiado bueno como para ser real, probablemente lo es. Los libros y la televisión nos pueden mostrar que somos libres de acostarnos con cualquiera, pero no nos advierten acerca de la culpa y la miseria que vienen de tales acciones. Los grupos activistas pueden persuadirnos de que tenemos la libertad de abortar nuestros bebés, pero no nos advierten acerca de la depresión severa y el sentimiento eterno de pérdida que asedian a muchas mujeres después de un aborto. Los comerciales de cigarrillos pueden retratar a hombres y mujeres saludables y sonrientes con bocanadas de humo de una marca en particular que sabe de lo mejor y da la mayor satisfacción, pero no muestran las salas de hospitales, los centros de tratamiento de cáncer y los consultorios médicos llenos con fumadores que sufren de cáncer de pulmón y enfisema.

Con mucha frecuencia, nos resistimos a obedecer reglas y vivir dentro de un conjunto de leyes, condiciones y normativas, porque las vemos como si tuvieran un impacto negativo en vez de positivo en nuestra vida. Las Escrituras son claras acerca de que las leyes de Dios son buenas. Se dieron para nuestro beneficio.

En esto consiste el amor a Dios: en que obedezcamos sus mandamientos.
Y éstos no son difíciles de cumplir.

—1 JUAN 5:3

Si realmente escuchas al Señor tu Dios, y cumples fielmente todos estos
mandamientos que hoy te ordeno, el Señor tu Dios te pondrá por encima
de todas las naciones de la tierra. Si obedeces al Señor tu Dios, todas estas
bendiciones vendrán sobre ti y te acompañarán siempre...

—DEUTERONOMIO 28:1-2

Tu palabra es una lámpara a mis pies; es una luz en mi sendero

—SALMO 119:105

Cada mandamiento de orientación negativa se puede restablecer de una manera positiva. "*No pronuncies el nombre del Señor tu Dios a la ligera*" (Éxodo 20:7a) se podría parafrasear como: "Adórame sólo a mí". "*No robes*" (Éxodo 20:15) se podría expresar con otras palabras: "Deja tranquilas las posesiones de otras personas". "*No des falso testimonio en contra de tu prójimo"* (Éxodo 20:16) podría ser: "Di la verdad".

Desafortunadamente, la humanidad tiene dificultades para obedecer los mandamientos de Dios. Por lo tanto, Dios establece los mandamientos como prohibiciones que establecen límites dentro de los cuales podemos operar. Se relaciona con nosotros en nuestro estado pecaminoso y hace el esfuerzo para que vayamos más allá del fracaso y de la desobediencia al darnos lineamientos y direcciones específicas. Debido a que Caín ya había matado a Abel, por ejemplo, Dios dijo: *"No mates"* (Éxodo 20:13) en vez de: "Honra y salvaguarda la vida de tu vecino". Este mismo fenómeno es evidente al disciplinar un niño.

A pesar de que la madre le puede decir al niño que comienza a moverse: "Sólo puedes jugar con tus juguetes", de forma inevitable, ella agregará: "No toques el estéreo, el televisor, las revistas en la mesa ratona, etcétera". No toques... no toques... no toques. Son estas oraciones negativas las que definen con claridad los límites del niño y lo ayudan a aprender cuál es el comportamiento aceptable y cuál no lo es.

De la misma forma es tu relación con Dios. A través de *No...* Dios delinea los límites dentro de los cuales puedes vivir una vida saludable, feliz y productiva. Estos son los medios que te da para ayudarte. No trata de dañarte, coartarte u obligarte de forma innecesaria.

Dios te creó para que cumplieras tu potencial, pero debes aceptar los principios y las leyes que lo gobiernan. Esa es la razón básica.

LA INTERPRETACIÓN ERRÓNEA DE LA LEY

La habilidad sin límites que Dios nos ha dado para que hagamos todo lo que podemos pensar, para lograr todo lo que podemos imaginar, para cumplir cada aspiración que mantenemos, no puede sobrevivir a menos que obedezcamos las leyes de Dios y vivamos dentro de sus limitaciones. A fin de animar a una actitud aceptable hacia las leyes y mandamientos de Dios, examinemos algunas de las interpretaciones erróneas que rodean el concepto de la ley.

....

El potencial no puede sobrevivir a menos que obedezcamos
las leyes de Dios y vivamos dentro de sus limitaciones.

Interpretación errónea: la ley nos coarta

Todos los padres han oído la queja: "No quieres que me divierta para nada" cuando ponen una restricción sobre las actividades de los hijos. Ya sea un horario establecido, una regla acerca de llamar a casa o un patrón que requiere que el niño evite estar en la casa de un amigo si los padres de éste no están allí, el niño ve las reglas y requerimientos como el deseo de los padres de negarles las cosas agradables de la juventud.

Con mucha frecuencia transferimos esta misma actitud a nuestra relación con Dios. Vemos los *No...* de Dios como el medio que Él tiene para quitarnos lo divertido de la vida. Entonces, sus leyes parecen ser instrumentos restrictivos que limitan nuestra libertad de hacer lo que queramos, cuando queramos, donde queramos y con quien queramos.

Interpretación errónea: la ley nos inhibe

La interpretación errónea de que la ley nos inhibe o restringe también distorsiona nuestro entendimiento del propósito de la ley. Esta percepción es fácilmente evidente en la actitud de la empleada que siente que la obligación de marcar su tarjeta horaria, le pone trabas a su estilo preferido de llegar al trabajo cinco o diez minutos después de la hora de inicio designada y devolver ese tiempo al final del día. O quizás una pareja joven cree que la regla de que el departamento se alquila sólo a parejas casadas inhibe su libertad de vivir juntos. O, incluso, un club que obtiene mucho de su ingreso de la hora feliz diaria, puede considerar innecesariamente prohibitiva una ordenanza que hace responsable a los establecimientos por accidentes que involucren a los clientes.

Interpretación errónea: la ley nos obliga

Algunas leyes parecen obligarnos y nosotros, por lo tanto, las encontramos irritantes. Las leyes de tráfico son buenos ejemplos de estas leyes. Un día, mientras iba en auto con mi hijo, traté de ganarle a una luz amarilla porque estaba un poco atrasado. Cuando la luz cambió, mi hijo dijo: "Papi, la luz cambió". Justo cuando presioné el acelerador para pasar la luz, habló otra vez: "Papi, tienes que parar", y después: "Usted ha ido demasiado rápido, papá". Debido a que le había enseñado a detenerse en la luz roja, apreté con un golpe los frenos y llegamos a un alto con un chillido terrible. La ley concerniente a la luz roja fue particularmente obligatoria para mí ese día.

Interpretación errónea: la ley nos roba

La creencia de que las leyes nos impiden recibir las mejores cosas de la vida también es una falsa comprensión de la naturaleza de la ley. Esta percepción sucede con frecuencia cuando algo que queremos desafía una ley dada, pero lo queremos de todos modos. Una joven cristiana que quiere casarse con un muchacho buen mozo y de buenos modales que no es salvo, piensa que Dios es injusto cuando le dice que no se una en yugo desigual con los que no son creyentes (ver 2 Corintios 6:14). Un empresario joven percibe que le han robado cuando el socio se muestra reacio a usar de forma deshonesta la información obtenida para obtener un gran éxito financiero en la bolsa de valores. Una madre soltera lucha entre dar el diezmo a Dios y gastar el dinero en un fin de semana muy merecido lejos de los niños.

LOS BENEFICIOS DE LA LEY

Si, entonces, las leyes se dan para ayudarnos y hacer que la vida sea más agradable, ¿de qué manera logran el propósito? ¿Qué beneficios confiables ofrecen?

Beneficio: la ley protege

El niño que vive sin reglas y restricciones es más probable que se dañe o termine en problemas que un niño que vive dentro de la estructura de la guía de los padres. Debido a que no tiene límites o líneas directivas contra las cuales podamos juzgar sus acciones, puede tomar decisiones que pongan en peligro su seguridad y bienestar. La regla: "No juegues en el piso de la cocina cuando mamá prepara la cena", por ejemplo, protege a un niño pequeño de quemarse. Si no se le enseña esta regla, el niño quizás ni sepa que está en peligro. De la misma forma, la restricción: "No nades solo" lo protege de ahogarse. De forma similar, las señales de tránsito tales como pare, ceda el paso, disminuya la velocidad y desvío se han establecido no para restringir, sino para protegernos a nosotros y a otros. Las leyes nos protegen. Nos alertan del posible peligro.

Las leyes nos alertan del posible peligro.

Beneficio: la ley asiste

Las leyes también nos brindan asistencia. ¿Puedes imaginar la confusión si las personas dirigieran las cartas de la forma en la que quisieran? Algunas personas pondrían el domicilio del remitente en el ángulo superior izquierdo, pero otros pondrían el domicilio del destinatario allí. O una comunidad podría tener la tradición de poner la estampilla en el reverso del sobre, mientras que todas las otras comunidades la colocan en el frente. Las regulaciones postales ayudan a la entrega eficiente del correo para que las cartas vayan al destinatario que el remitente pretendió. En vez de restringirnos, las leyes nos brindan asistencia para que podamos lograr lo que pretendemos.

Beneficio: las leyes permiten la expresión completa

Las leyes también nos permiten expresarnos a nosotros mismos de manera completa dentro del contexto de la comunidad. Considera lo que sucedería si compraras una casa en un vecindario lindo para criar a tus hijos en un ambiente seguro, no violento y te das cuenta de que tu vecino abre una librería sólo para adultos. El tráfico de la calle que antes era tranquila ahora se cuadruplica y tus hijos están expuestos a materiales enfermizos, ya que las personas vienen de la tienda hojeando literatura pornográfica. Una noche a un cliente lo balea su esposa, quien está enfurecida por las actitudes y acciones hacia ella después de haber mirado sus revistas de desnudos. De repente, el lindo vecindario ya no es más seguro. Las leyes civiles ayudan a controlar lo que está y lo que no está permitido dentro de una comunidad para que todos puedan disfrutar el ambiente que desean.

A pesar de que estas leyes nos pueden irritar porque nos obligan a actuar de una cierta manera, nos permiten disfrutar las preferencias personales dentro de nuestro espacio personal. Considera, por ejemplo, la siguiente situación. Una residente en un complejo de departamentos escucha música clásica, pero el joven del departamento contiguo hace sonar con gran estruendo la música rock tan fuerte que golpea las paredes de la vecina y tapa la música que ella escucha.

Si eres el joven que prefiere escuchar la música rock en volumen alto, las reglas del complejo de departamentos que controlan el ruido te parecen restrictivas y obligatorias. Pero para la persona en el departamento vecino, sin embargo, las reglas le permiten disfrutar de su propio gusto por la música. *Las leyes permiten a cada persona disfrutar las preferencias individuales mientras que no infrinjan la libertad de otros para hacer lo mismo.*

Beneficio: las leyes maximizan el potencial

Las leyes nos ayudan a hacer y ser lo mejor de nosotros. Las mismas leyes que restringen el comportamiento negativo también animan y respaldan las actitudes y acciones positivas. La regla del aula, por ejemplo, que hace que toda la clase sea responsable de observar que nadie haga trampa y da una nota desaprobada a cualquiera que copié del papel de otro alumno también alienta a la excelencia, debido a que ejerce presión entre los compañeros por la honestidad y garantiza que cada persona será evaluada por sus propios esfuerzos. De esta manera, la ley establece tanto consecuencias para el comportamiento negativo como recompensas para quienes trabajan duro y dan lo mejor de sí.

Las mismas leyes que restringen el comportamiento negativo también animan y respaldan las actitudes y acciones positivas.

La Biblia muestra claramente que las leyes no restringen los pensamientos y comportamientos positivos:

... Vivan por el Espíritu, y no seguirán los deseos de la naturaleza peca-minosa. Porque ésta desea lo que es contrario al Espíritu, y el Espíritu desea lo que es contrario a ella. Los dos se oponen entre sí, de modo que ustedes no pueden hacer lo que quieren. Pero si los guía el Espíritu, no están bajo la ley. Las obras de la naturaleza pecaminosa se conocen bien: inmoralidad sexual, impureza y libertinaje; idolatría y brujería; odio, discordia, celos, arrebatos de ira, rivalidades, disensiones, sectarismos y envidia; borracheras, orgías, y otras cosas parecidas. Les advierto ahora (...) que los que practican tales cosas no heredarán el reino de Dios. En cambio, el fruto del Espíritu es amor, alegría, paz, paciencia, amabilidad, bondad, fidelidad, humildad y dominio propio. No hay ley que condene estas cosas.

—GÁLATAS 5:16-23

Dado que la violación de la ley destruye el potencial y la obediencia a la ley hace que se cumpla, la ley anima la liberación y la maximización del potencial.

La ley anima la liberación y la maximización del potencial.

Beneficio: la ley asegura el propósito y la función

Finalmente, la ley nos permite funcionar dentro del diseño general de Dios para la vida humana y para los planes y propósitos que establece para nuestras vidas individuales. "*La bendición del SEÑOR trae riquezas, y nada se gana con preocuparse*" (Proverbios 10:22).

Alcanzar el propósito con las bendiciones de Dios nunca trae amargura. Aquellos, sin embargo, que tratan de cumplir su potencial fuera de los propósitos, con frecuencia experimentan un sufrimiento multiplicado. Un hombre de negocios, por ejemplo, que construye su negocio fuera de la guía y de la dirección de Dios, puede obtener la misma riqueza que un hombre que ha sometido los sueños y planes a la voluntad de Dios, pero su posición fuera de los planes de Dios no le provee la libertad de la preocupación que el otro hombre de negocios disfruta. Aquellos que sólo confían en sí mismos para proteger la ganancia, con frecuencia se vuelven enfermos debido a la preocupación. No hay gozo en tal clase de riqueza.

Cuando el Señor bendice a una persona con prosperidad, Él protege lo que ha dado y asimismo sirve como recurso para el receptor. El hombre necesita recursos espirituales, así como también seguramente necesita bienes físicos y materiales.

TU POTENCIAL NECESITA EL BENEFICIO DE LA LEY DE DIOS

El potencial sin la ley es peligroso. Así como los interruptores cortan la electricidad cuando un artefacto eléctrico funciona mal y un flujo libre de electricidad es posible, de la misma forma Dios nos corta cuando trabajamos fuera de sus leyes. Esta es su forma de defendernos de la autodestrucción.

El potencial sin la ley es peligroso.

Muchas personas a lo largo de la historia se han lastimado a sí mismos y a otros porque trataron de cumplir su potencial fuera de las especificaciones de Dios. Adolfo Hitler, por ejemplo, fue un líder dotado. Al usar las habilidades de liderazgo, surgió a través de los rangos del gobierno hasta que fue elegido, de forma legal, como canciller de Alemania. Una vez que alcanzó esa posición, algo anduvo mal. Violó las reglas de liderazgo.

El poder siempre se da para trabajar a través del vehículo del servicio. Cuando estamos en una posición de autoridad, tenemos la responsabilidad de servir a otros que están debajo de nosotros. Hitler violó esa ley y se hizo a sí mismo un dictador. En vez de usar el poder para servir y bendecir al país que gobernaba, se colocó a sí mismo por encima de la ley y forzó a las personas para que concretaran sus órdenes.

Hitler también quebrantó las leyes de dignidad e igualdad humana, debido a que creó y reforzó políticas que trataban a todas las personas que no eran de descendencia aria, con cabello rubio y ojos azules, como menos que humanos o humanos a medias que habían sido creados para servir a la raza perfecta. Muchos judíos y otros pueblos que no pertenecían a los arios fueron víctimas de las creencias y políticas de Hitler. Finalmente, se llevó a sí mismo y a aquellos que compartían sus convicciones a la muerte.

El potencial siempre se da para bendecir, nunca para dañar. Si tu potencial daña a alguien o algo, mejor mira con cuidado tus actitudes y acciones. Probablemente usas los dones y talentos fuera de las especificaciones dadas por Dios.

EL POTENCIAL MUERE CUANDO SE QUEBRANTAN LAS LEYES

La experiencia de Hitler y la de muchas otras personas confirman que la violación de los límites que delimitan el potencial, desencadena consecuencias serias y expone al violador a circunstancias que amenazan el potencial. Esto se debe a que violar las especificaciones establecidas por Dios para el uso del potencial remueve la protección, dificulta el cumplimiento e interrumpe el funcionamiento.

Digamos, por ejemplo, que eres un ejecutivo joven en un banco local. Has trabajado en el banco por cinco años, y allí has desarrollado un buen conocimiento del trabajo de la industria bancaria y construido una reputación sólida de honestidad e integridad. Tu objetivo es convertirte en el gerente de la sucursal principal.

Tu cónyuge, de forma constante, se queja de que no ganas lo suficiente hasta que un día, en desesperación, tomas dos mil dólares de la caja fuerte del banco y se lo das a tu cónyuge. Muchas cosas suceden cuando haces esto. Primero, pierdes la protección de tu buena reputación. Hasta ahora, la gente había confiado no sólo en tu integridad sino también en la sensatez de tus decisiones. Segundo, pierdes el derecho a la oportunidad de llegar a la posición de gerente de la sucursal. Tercero, interrumpes tu carrera porque no sólo has perdido la confianza del banco para el que trabajabas, sino que tampoco otros empleadores pueden confiar en ti. Este único acto de indiferencia al mandamiento: "No robes" (Éxodo 20:15) destruye tu potencial para convertirte en un banquero competente y respetado.

Jesús vino para recuperar el espíritu de las leyes de Dios para que podamos reconocerlas como las bendiciones que son, y para mostrarnos el poder que pertenece a aquellos que viven dentro de las especificaciones que Dios dio. Sólo por el poder del Espíritu Santo podemos vivir dentro de la limitación de las leyes de Dios y, de ese modo, maximizar el potencial. Las leyes y las limitaciones que el fabricante estableció para un producto siempre se dan para proteger y maximizar el potencial y el rendimiento del producto, no para restringirlo.

Levantar un interruptor es una manera útil de usar la electricidad. Meter tu dedo en un enchufe no lo es. Así como no puedes vivir si ignoras las precauciones que gobiernan el uso seguro de la electricidad, de la misma forma no puedes experimentar la vida plena, abundante que Jesús promete si haces caso omiso de las especificaciones que limitan el uso del potencial. Debes permanecer en las especificaciones de Dios para disfrutar quién eres. Sus leyes y mandamientos son la seguridad que garantiza que recibirás todo lo que ha planeado y propuesto para tu vida.

Un hombre sin Dios es potencial sin propósito.
Un hombre sin Dios es poder sin conducción.
Un hombre sin Dios es vida sin vivir.
Un hombre sin Dios es la habilidad sin responsabilidad.
Ese es un hombre peligroso.
Ese es un cable con electricidad.

PRINCIPIOS

1. La libertad siempre tiene un precio. Lo que libera a una persona puede esclavizar a otra.

2. La anarquía desafía las normas que gobiernan la sociedad. No muestra responsabilidad hacia nadie o nada.

3. La anarquía resulta en la pérdida de las libertades existentes, en esclavitud, en muerte.

4. Las leyes establecen normas o parámetros que gobiernan o regulan el comportamiento.

5. Los mandamientos expresan la voluntad de una autoridad relacionada con la ley.

6. Las demandas especifican el comportamiento en una situación específica basada en leyes y mandamientos previamente definidos.

7. Violar las leyes y los mandamientos aborta el potencial y trae consecuencias inevitables.

8. Las leyes y los mandamientos nos benefician y tienen un impacto positivo en nuestras vidas.

Capítulo 9

Recupera tu potencial

Siempre es mejor fracasar en algo que sobresalir
en nada. Levántate y trata otra vez.

U n silencio cayó sobre toda la habitación mientras una mujer pequeña, pulcramente acicalada subía al escenario. A diferencia de las otras que estaban en la sala, ella no estaba vestida con el atuendo de la prisión. Sin embargo, no parecía estar o sentirse fuera de lugar. Aquellas que la observaban se maravillaron por esto, porque habían observado a muchas personas en estas reuniones semanales. La mayoría tenía un deseo genuino de ayudar a las prisioneras, pero las acciones y los comentarios, con frecuencia, revelaban que se sentían incómodos allí y que no comprendían de verdad qué es lo que el confinamiento hacía a una persona. A pesar de que las prisioneras estaban agradecidas por el interés y por las buenas intenciones de estos visitantes, preferían a aquellos oradores que estaban cómodos dentro de las paredes de la prisión. Con frecuencia, comprendían de forma más precisa las necesidades particulares y las frustraciones que la vida de la prisión producía.

La expectativa llenó a aquellas que miraban a la mujer del escenario. A pesar de que no podían definir por qué, sentían que la oradora era diferente al resto. No lucía diferente, sin embargo, era diferente. Quizás era la compasión gentil en su rostro cuando miraba a las mujeres que atestaban la pequeña sala. Quizás era su manera calma, segura de sí misma que revelaba una ausencia de temor o nerviosismo. Quizás fue que no colocó ninguna nota en el atril. Por cualquier razón, las prisioneras sabían que esta oradora era diferente a otros que habían ido a animarlas y a fortalecerlas.

Sus primeras palabras las sorprendieron: "Soy una de ustedes. Viví aquí durante cinco años. Llegué aquí a la edad de veinte años, dejando atrás a mi esposo y a mi pequeña hija. A pesar de que han pasado muchos años desde mi liberación, aún recuerdo la intensa soledad y la desesperación que me consumían y que llenaban los primeros días aquí. Dudo que esos pensamientos y sentimientos me dejen alguna vez.

"Estoy aquí hoy porque algo muy importante me sucedió en este lugar. Conocí al Señor Jesucristo, acepté su perdón por mi pasado y confié mi futuro a su cuidado. Mi vida es muy diferente debido a Él. A través de su amor y misericordia y el apoyo y ánimo de muchos hermanos y hermanas en Cristo, finalmente me perdoné a mí misma por los errores que me trajeron aquí. Hoy soy libre debido a que Él me liberó, y te traigo la oportunidad de encontrar esta libertad y perdón.

"La primera vez que vine aquí, me odiaba a mí misma. Durante toda la vida, mi familia me dijo que yo no tenía importancia. Les creí. Cuando llegué a la cárcel, cumplí con sus profecías y con mis propias expectativas. Di por sentado que el resto de la familia seguiría un patrón similar. Aprendí, no obstante, que ellos estaban equivocados y que yo también. A través de la paciencia y de la fe de aquellos que me ayudaron a sobrevivir dentro de estas paredes y fuera de ellas, a través del estudio de La Biblia y a través de mi relación personal con Jesucristo, he descubierto que soy capaz de mucho más de lo que mi familia esperaba de mí.

"Esto es verdad porque Dios me creó para un propósito especial y puso dentro de mí el potencial para cumplir con todo lo que planeó para mi vida antes de que naciera. Las circunstancias desfavorables que rodearon mi nacimiento no cambiaron las intenciones de Dios, ni las elecciones erróneas, las relaciones rotas y las experiencias dolorosas de mi pasado destruyeron lo que aún puedo ser. La persona que he aprendido a ver en mí, talentosa, que vale la pena y que tiene habilidades notables, estuvo dentro todo el tiempo, pero tuve que descubrirla y liberarla de la culpa y del autodesprecio que me consumía a lo largo de los primeros años de mi vida.

"También he aprendido que mi experiencia no es única. El mundo está lleno de hombres y mujeres cuyas experiencias son paralelas a la mía. Tanto en mi práctica de la consejería como en los compromisos luego de las disertaciones, he pasado horas al escuchar y compartir con personas cuyos corazones y vidas estaban tan cargados como el mío cuando estuve por primera vez dentro de estas paredes. Jesucristo me ha dado la compasión por ellos y por ti. También me ha dotado con la habilidad de expresar ese amor y preocupación en una variedad amplia de lugares.

"Por lo tanto, vengo a ti hoy como una amiga que quiere ayudarte a convertirte en todo lo que puedes ser. *No importa lo que otros hayan dicho acerca de ti ni lo que hayas creído acerca de ti misma, eres una persona competente y dotada.* Sé que puedes no sentirte de esa manera, pero los sentimientos no son exactos. Eres la hija amada de Dios, creada por Él con cuidado meticuloso y dotada por Él con todo lo que necesitas para bendecir tu vida, tu familia y, por cierto, el mundo entero. Este potencial hiberna dentro de ti enterrado por las acciones, actitudes y estilos de vida que te trajeron aquí, pero no necesita permanecer oculto. Puedes recuperar el potencial.

"No comparto la historia contigo por una convención social, sino debido a que tengo pasión por libertar a mujeres como nosotras, mujeres que han sido atadas no sólo por las murallas de la prisión, sino también por años de opiniones negativas, juicios pobres, relaciones insalubres, ambientes perjudiciales y circunstancias adversas. Me pongo en pie contigo como una que ha encontrado el camino hacia la paz, la felicidad y la satisfacción. Quizás mi historia te pueda ayudar a encontrar ese camino también.

"Nací...".

Unas pocas fueron afectadas emocionalmente a lo largo de la historia. De forma ocasional alguien inclinó la cabeza en señal de acuerdo o suspiró por los recuerdos que se despertaron debido a las palabras de la narradora. Por momentos, ojos brillantes por las lágrimas se derramaban por el dolor de la evocación o por la esperanza renovada. Todo esto pasaba desapercibido, porque todas estaban atrapadas por la historia de una cuya vida, en algunas formas, era paralela a la propia, y en otros aspectos, era bastante diferente. La desesperanza, la amargura, el resentimiento, la ira y la desesperación eran, por cierto, parte de la historia, pero no eran los temas dominantes. Entretejidos dentro de la historia de lo que la ex prisionera había sido, había destellos de aquello en lo que se había convertido y aún esperaba ser. No había aventuras dramáticas o descubrimientos estremecedores, sólo el recuento de los cambios en una vida tocada por el amor y el poder de Dios.

Muchas mujeres en esa salita ansiaron la confianza y la satisfacción evidente en las palabras de la oradora, mientras se preguntaban si sus vidas también podrían ser redireccionadas hacia los planes y propósitos del Creador. ¿Había esperanza para que el potencial aún se revelara? Mientras la oradora cerraba con un testimonio sencillo de su vida actual en Jesucristo, muchos corazones anhelaron la seguridad de poder también experimentar vidas cambiadas y redimidas.

Cambio. La esperanza de algo diferente. Cada uno de nosotros, en algún punto de la vida, hemos estado insatisfechos con el lugar donde estamos y con quiénes somos. Hemos estado bien conscientes de que no hemos logrado nuestras expectativas. Algunos de ustedes, quizás, aún estén allí. Otros de ustedes, como la prisionera anterior, han encontrado una esperanza renovada en la vida. *Un encuentro con Dios que cambia las vidas a través de su Hijo Jesucristo marca la diferencia.* La Biblia nos enseña mucho acerca de la necesidad de este encuentro transformador y del camino que debemos tomar si lo vamos a experimentar.

PERDÓN

El viaje para recuperar el potencial comienza con el perdón. El perdón de Dios y el perdón a uno mismo. El perdón de Dios es una expresión de su amor por nosotros. Se lo ofrece a todos los que confiesen su rebelión y acepten su regalo de vida nueva a través de su Hijo,

Jesucristo. El hecho de volver a arraigarnos en Dios hace posible este primer aspecto del perdón.

El perdón a uno mismo, no obstante, es con frecuencia más difícil. Dios perdona y olvida nuestro pecado tan pronto como lo confesamos:

> *El Señor es clemente y compasivo, lento para la ira y grande en amor. No sostiene para siempre su querella ni guarda rencor eternamente. No nos trata conforme a nuestros pecados ni nos paga según nuestras maldades. Tan grande es su amor por los que le temen como alto es el cielo sobre la tierra. Tan lejos de nosotros echó nuestras transgresiones como lejos del oriente está el occidente.*
>
> —SALMO 103:8-12

Nosotros, por otro lado, nos responsabilizamos por los errores por mucho tiempo. Por cierto, muchos que han aceptado a Jesucristo como su Salvador aún piensan y actúan como si los pecados no se hubieran perdonado. Tal comportamiento defrauda el potencial, porque nos coloca otra vez a nosotros por encima de Dios y de su Palabra para con nosotros. Como Adán y Eva en el jardín, descreemos lo que Dios ha dicho.

La oradora en la prisión debe haberse sentido culpable de algunas de las cosas erróneas que la llevaron a prisión, pero el camino hacia la felicidad y la integridad comenzó con la capacidad de aceptar el perdón de Dios y perdonarse a sí misma. De forma similar, el apóstol Pablo podría haberse condenado para siempre debido a los cristianos que murieron por mano suya (ver Hechos 7:54—8:3; 9:1-2). ¡Alabado sea Dios porque no lo hizo!

Recuerda, las promesas de Dios son verdad y su poder sobrepasa todos los otros poderes. *Si Dios dice que tus pecados son perdonados, son perdonados. Te libera para siempre del castigo y del poder sobre ti. Nadie, ni siquiera Satanás, tiene la autoridad o el derecho de cambiar o disputar la decisión de Dios.*

Fallar en perdonarnos a nosotros mismos nos expone a pecar en el futuro. Esto es verdad, porque la autocondenación abre la puerta para que Satanás y las fuerzas del mal trabajen en nosotros con duda y culpa. La culpa impide que busquemos de forma activa el poder y la sabiduría de Dios, debido a que nos sentimos avergonzados de entrar a su presencia, y la duda nos esclaviza con sentimientos de debilidad e indignidad. Ambos niegan el poder y la autoridad de Dios en nuestras vidas y nos seducen para confiar más en nuestros sentimientos que en la presencia del Espíritu de Dios que está dentro de nosotros. Ambos destruyen el potencial.

Rechaza, entonces, el permitir que la autocondenación te robe el potencial en Cristo. Si has confesado tu pecado, has sido perdonado y Dios no lo recuerda más. Perdónate y muévete. Si haz de amar a otros y compartir tu potencial con ellos, primero deberás amarte y perdonarte a ti mismo. Este es un paso importante en el viaje para recuperar tu potencial.

TU PASADO Y TU POTENCIAL

Un segundo paso para recuperar el potencial es la capacidad para ir más allá del pasado y usarlo para informar y mejorar el futuro. Todos nosotros tenemos cosas en el pasado de las cuales nos avergonzamos. Si bien el perdón a uno mismo se lleva el aguijón de esos pecados confesados, no quita de la mente el recuerdo de esos errores. Debemos aprender a vivir con los recuerdos y permitirles que sean una fuerza positiva en nuestras vidas.

....

Debemos aprender a vivir con los recuerdos y permitirles
que sean una fuerza positiva en nuestras vidas.

....

El rey David, después de su pecado con Betsabé, sin duda alguna, se sintió obsesionado por este error (ver 2 Samuel 11:1-12:25). Abrumado por la atrocidad del pecado, pudo haber perdido el derecho al potencial de servir a Dios como el rey del pueblo de Dios. En cambio, David confesó su pecado (ver 2 Samuel 12:13 y Salmo 51) y le pidió a Dios:

> *Crea en mí, oh Dios, un corazón limpio, y renueva la firmeza de mi espíritu (...) Devuélveme la alegría de tu salvación; que un espíritu obediente me sostenga.*
>
> —SALMO 51:10,12

En la actualidad, David es recordado como un hombre conforme al corazón de Dios y el rey más grande en la historia del pueblo de Dios.

El mismo poder restaurador de Dios te puede llevar más allá de las opiniones negativas, los juicios pobres, las relaciones insalubres, los ambientes perjudiciales y las circunstancias adversas del pasado. Ningún pecado es demasiado grande como para que Dios lo perdone. Ninguna relación está más allá de su restauración. Su toque sanador te puede alcanzar en las peores experiencias y mostrarte algo que puedes aprender de ellas. Su poder transformador puede redireccionar tus acciones descarriadas y dañinas y permitir que te alejes de los ambientes destructivos y de las circunstancias agobiantes que amenazan tu potencial. Ningún recuerdo es demasiado profundo para que Él lo sane. Ningún problema está mas allá de su bendición y poder.

....

Ningún pecado es demasiado grande como para que Dios lo perdone.
Ninguna relación está más allá de su restauración.
Ningún recuerdo es demasiado profundo para que Él lo sane.
Ningún problema está mas allá de su bendición y poder.

....

La clave para ir más allá de lo que te causa obsesión de tu pasado es permitir que esos recuerdos te fortalezcan en vez de que te destruyan. Si eras adicto a las drogas y sabes por experiencia propia las fuerzas destructivas que desencadenan, usa tus experiencias para ayudar a aquellos que se encuentran en riesgo hoy de experimentar el mismo dolor al que has sobrevivido. Haz amistad con un adolescente cuyo padre ha dejado la familia. Apoya a un club de adolescentes de la zona. Habla en la escuela de tu hijo acerca de los peligros y de las decepciones de consumir drogas.

Si tienes un historial de peleas en tu haber, aprende qué es lo que te hace comenzar y de qué forma puedes responder de modo más apropiado a las situaciones que provocan ira en tu vida. Encuentra a personas que te ayuden y quienes puedan animarte y ayudarte a través de los tiempos duros. Busca la inseguridad dentro de ti y en otros que destruye la autoestima e incita a los intercambios verbales y físicos.

Si dejaste la escuela secundaria porque estabas embarazada, regresa a la escuela y obtén el diploma. Si pasaste un tiempo en prisión, haz amistad con algún prisionero recién liberado. Si las presiones de ser una madre soltera joven hicieron que abusaras de tu hijo, ofrécele ayuda a otra madre joven que atraviese experiencias similares a las tuyas.

Experiencias de desánimo y de derrota pueden ser parte de tu vida pasada, pero no hay razón por la cual deban continuar desanimándote y derrotándote. Por cierto, se pueden convertir en escalones hacia la liberación y maximización de tu potencial si estás dispuesto a reconocer el pasado, aprender de los errores y permitir que el poder transformador de Dios cambie la pérdida en ganancia. Con la ayuda de Dios, eres capaz de levantarte sobre los desperfectos y de redimir las decisiones que son menos que perfectas. Él no se ha rendido con respecto a ti. Espera para ver qué es lo que harás con el resto de tu vida. Protege el presente y el futuro del pasado; enfréntalo moviéndote hacia adelante. Este es un elemento esencial del viaje para recuperar tu potencial.

REDIMIR LOS DÍAS DE LA VIDA

El tercer paso para recuperar el potencial es redimir el tiempo que nos queda. No podemos deshacer lo que es pasado, pero podemos hacer los cambios necesarios en la vida para permitir el uso sabio de lo que queda de nuestros días.

El tiempo es el regalo de Dios para lograr el propósito y cumplir con el potencial. Comienza el día que nacemos y termina cuando morimos. La longitud de nuestra vida física concuerda con los días que se requieren para lograr el propósito, porque Dios planeó la maduración de nuestras vidas dentro de los días totales que nos ha asignado. Por lo tanto, tenemos tiempo suficiente para maximizar el potencial. La pregunta es: ¿gastaremos o usaremos de forma sabia los días que Dios ha asignado para nuestras vidas?

....

El tiempo es el regalo de Dios para lograr el
propósito y cumplir con el potencial.

....

Pablo nos instruye: "*Así que tengan cuidado de su manera de vivir. No vivan como necios sino como sabios, aprovechando al máximo cada momento oportuno, porque los días son malos*" (Efesios 5:15-16). En otras palabras, debemos encontrar el propósito y usar el potencial para lograrlo. De la misma forma, necesitamos rehusarnos de forma consciente a permitir que la postergación, el desánimo y los otros enemigos del potencial nos induzcan a desperdiciar siquiera un solo día de nuestras vidas. Cada vez que usamos el tiempo para hacer cosas que ni liberan el potencial ni nos ayudan a progresar hacia el logro de nuestro propósito, perdemos el derecho o retrasamos la oportunidad de alcanzar la excelencia y perfección que Dios pretende para nuestras vidas.

Aceptar el perdón de Dios y perdonarte a ti mismo, ir más allá del pasado, usar el pasado para informar el futuro y redimir los días que quedan de tu vida son los factores necesarios que te permitirán recuperar tu potencial. Como la mujer que antes fue prisionera se perdonó a sí misma por su pasado y lo usó para llevar vida y esperanza a otros, puedes reemplazar la desesperanza, la amargura, el resentimiento, la ira y la desesperación en tu vida con paz, felicidad y realización. Su viaje de recuperación comenzó cuando conoció al Señor Jesucristo y aceptó el perdón por su pasado. Tú también debes comenzar a recuperar el potencial al aceptar a Jesús como tu Salvador y al permitirle que te cambie. Regresa al Fabricante / Creador para una nueva evaluación de tu verdadero potencial y comienza otra vez.

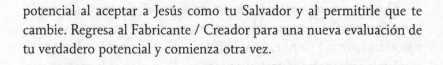

Puedes reemplazar la desesperanza, la amargura, el resentimiento, la ira y la desesperación en tu vida con paz, felicidad y realización.

Así como una semilla está llena de promesa y potencial, de la misma manera tu vida está cargada, de forma abundante, con poder y propósito sin explotar. Así como una semilla necesita relacionarse con el suelo y recibir alimentos que la nutran para maximizar el potencial a lo más alto, de la misma forma necesitas una relación personal con la Fuente y el Creador de tu vida. Sólo Dios el Padre puede restaurarte al propósito y sueño original, y sólo Él puede proveer la gracia y los recursos que necesitas para experimentar la verdadera realización. Cada producto necesita permanecer relacionado con el fabricante si va a mantener la garantía. Por lo tanto, te animo a que obedezcas el llamado de Dios en tu corazón ahora mismo; haz una pausa antes de leer más y realiza esta oración de sumisión y compromiso:

Querido Padre celestial:

Confieso que eres el Creador y Sustentador de mi vida. Creo que me creaste con un propósito específico y que me has diseñado y equipado con el potencial para lograr ese propósito. Admito que he intentado vivir la vida sin tu Espíritu y guía; te pido tu perdón por este espíritu rebelde. Confieso la obra de la reconciliación que lograste a través de la muerte y resurrección de Jesucristo para mi restauración personal y recibo tu Espíritu para que viva dentro de mí ahora. Por la fe en tu promesa, recibo con acción de gracias un nuevo comienzo, mientras me comprometo a perseguir el cumplimento de tu voluntad para mi vida y la maximización del potencial que has invertido en mí.

En el nombre de mi Señor, Jesucristo,
Amén.

Si has hecho esta oración, te has unido a millones alrededor del mundo que son parte del gran Cuerpo de Cristo. Escríbeme y hazme saber acerca de tu decisión hoy (ver el domicilio para el Ministerio de Fe en Bahamas en la página de derechos de autor).

....

Es mejor ser tú mismo que ser el mejor.

....

PRINCIPIOS

1. Dios te creó con un propósito especial y te dio el potencial para que lo lograras.

2. Eres una persona competente y dotada.

3. Debes experimentar un encuentro con Jesucristo que te cambie la vida si quieres recuperar tu potencial.

4. El viaje para recuperar el potencial debe incluir:

    · aceptar el perdón de Dios,
    · perdonarte a ti mismo,
    · ir más allá de tu pasado,
    · usar tu pasado para informar tu futuro,
    · redimir los días que te quedan de vida.

El potencial y el propósito de Dios

Mientras un hombre no pueda ver más allá de lo que el mundo acostumbra, el futuro está en peligro. Tiene razón quien puede decir "Yo he visto el futuro y sé que funciona".

FROM BASEBALL'S GREATEST QUOTES & STORIES

Dios creó todo por un propósito y equipó cada cosa creada con el potencial o habilidad correspondiente para lograr ese propósito. Toda la naturaleza da testimonio de esta gran verdad, tal como se evidencia en el hecho de que las semillas siempre llevan dentro de sí mismas el germen de los árboles que están destinadas a producir; en cada pájaro hay una bandada de aves, en cada vaca hay una manada, en cada pez una escuela, y en cada lobo una jauría. Todo está embarazado con el potencial de llegar a ser todo para lo cual fue creado.

La liberación y maximización de ese potencial depende, sin embargo, de un ambiente que conduzca a ese desarrollo y liberación. Por ejemplo, a pesar del potencial de una semilla para producir un árbol de su especie y de llevar fruto en abundancia, este gran potencial se puede minimizar, restringir o inmovilizar por la acción de una condición ambiental inapropiada. Si se coloca una semilla en una baldosa o de arcilla, o en una piedra, en una sustancia contaminada o elementos tóxicos, su gran potencial se restringirá y nunca se maximizará por completo.

Esta limitación de potencial no sólo le roba a la semilla el derecho de lograr su verdadero potencial, sino también les roba a los pájaros la comida y las ramas para los nidos, y priva a las personas de madera para construir casas, de fruto para la comida y del combustible para calentar y cocinar. En esencia, esta pérdida de potencial debido a un ambiente inapropiado interfiere en todo el sistema ecológico. La semilla fracasa al no producir un árbol, al cual se le impide producir

Capítulo 10

El potencial y el propósito de Dios

En tanto un hombre no pueda ver más allá
de sus lomos, el futuro está en peligro.

Dios creó todo por un propósito y equipó cada cosa creada con el potencial o habilidad correspondiente para lograr ese propósito. Toda la naturaleza da testimonio de esta gran verdad, tal como se evidencia en el hecho de que las semillas siempre llevan dentro de sí mismas el germen de los árboles que están destinadas a producir: en cada pájaro hay una bandada de aves, en cada vaca hay una manada, en cada pez una escuela, y en cada lobo una jauría. Todo está embarazado con el potencial de llegar a ser todo para lo cual fue creado.

La liberación y maximización de ese potencial depende, sin embargo, de un ambiente que conduzca a ese desarrollo y liberación. Por ejemplo, a pesar del potencial de una semilla para producir un árbol de su especie y de llevar fruto en abundancia, este gran potencial se puede minimizar, restringir o inmovilizar por la acción de una condición ambiental inapropiada. Si se coloca una semilla en una baldosa cocida de arcilla o en una piedra, en una sustancia contaminada o elementos tóxicos, su gran potencial se restringirá y nunca se maximizará por completo.

Esta limitación de potencial no sólo le roba a la semilla el derecho de lograr su verdadero potencial, sino también les roba a los pájaros la comida y las ramas para los nidos, y priva a las personas de madera para construir casas, de fruto para la comida y del combustible para calentar y cocinar. En esencia, esta pérdida de potencial debido a un ambiente inapropiado interfiere en todo el sistema ecológico. La semilla fracasa al no producir un árbol, al cual se le impide producir oxígeno para dar vida a los hombres, quienes son, entonces, incapaces de lograr la voluntad y el propósito de Dios en la Tierra. Por lo tanto, cualquier intento por restringir, abusar, hacer mal uso, oprimir o reprimir el potencial de cualquier cosa viviente, tienen un efecto directo en el propósito y en la voluntad de Dios.

UNA PALABRA AL TERCER MUNDO

La magnitud y profundidad del potencial humano en la Tierra aún tiene que explotarse. Millones nacen, viven y mueren sin jamás descubrir o exponer el potencial asombroso que reside dentro de ellos. Este estado trágico de las cosas, el cual es un fenómeno global, es el resultado de que el hombre sucumbe ante la vida gobernada por sus propios dispositivos. La mayor fuente de esta tragedia es la ignorancia.

El enemigo más poderoso de la humanidad no es el pecado o Satanás, sino esta fuerza mortífera que roba la vida, llamada ignorancia. El profeta Oseas del Antiguo Testamento reconoció la ignorancia como la fuente primera de destrucción personal, social y nacional. Al transmitir la explicación de Dios para la decadencia moral y social entre las naciones, escribió: "*pues por falta de conocimiento mi pueblo ha sido destruido*" (Oseas 4:6a). La implicancia es que esa destrucción en cada área de nuestra vida, ya sea a nivel personal o nacional, está relacionada con la falta de conocimiento.

....

El enemigo más poderoso de la humanidad no es
el pecado o Satanás, sino la ignorancia.

....

Esta realidad es profundamente verdadera ya que se relaciona con la maximización del potencial. La ignorancia de la humanidad con respecto al valor, merecimiento y magnitud del potencial humano provoca la opresión masiva de nuestro tesoro maravilloso.

El planeta es, en la actualidad, el hogar de más de cinco mil ochocientos millones de personas, todas las cuales son "creadas a la imagen de Dios". Y poseen el potencial para lograr el propósito para el cual han nacido. Más de cuatro mil millones de estas personas viven en países y condiciones descriptas como *Tercer Mundo*. El término *Tercer Mundo* no es étnico ni racial en cuanto a la orientación, sino que es más filosófico y condicional en significado. A nivel técnico, se usa para describir a cualquier persona a la que no se le ha permitido participar o beneficiarse de forma directa con la revolución industrial, y quienes, por lo tanto, no se han beneficiado con el avance social, económico y tecnológico que acompañó a esta revolución.

En términos prácticos, el término *Tercer Mundo* categoriza a todas las personas a las que, por cualquier razón, se les ha robado la oportunidad de descubrir, desarrollar, refinar, liberar y maximizar el potencial que Dios les ha dado. Este aborto de justicia, con frecuencia, ha sido el resultado de la opresión y de la supresión, y por lo general, se genera en la discriminación, el prejuicio, el odio y el temor. Muchas de estas fuerzas de opresión son institucionales, constitucionales, filosóficas y religiosas en su origen, pero todas se encuentran fundadas en una ignorancia e interpretación equívoca severas.

La ignorancia del hombre acerca del hombre es la causa fundamental de todos los problemas. La clave del conocimiento de cualquier producto debe ser el fabricante, porque nadie conoce un producto como aquel que lo creó. Por lo tanto, la verdad acerca del hombre no se puede encontrar en las grandes bibliotecas de instituciones educativas o en los periódicos de investigaciones científicas.

Génesis, el primer libro de Moisés, afirma con claridad que Dios creó al hombre para que dominara la Tierra:

> *Y dijo: «Hagamos al ser humano a nuestra imagen y semejanza. Que tenga dominio sobre los peces del mar, y sobre las aves del cielo; sobre los animales domésticos, sobre los animales salvajes, y sobre todos los reptiles que se arrastran por el suelo».*
>
> —GÉNESIS 1:26

*La ignorancia del hombre acerca del hombre es la
causa fundamental de todos los problemas.*

Por favor, nota: Dios creó a todos los hombres para que dominaran la Tierra, no uno al otro. Por lo tanto, cada ser humano posee la habilidad y el potencial para dominar, regir, gobernar y administrar la Tierra. Cada uno tiene dentro de sí el espíritu de liderazgo y la aspiración para determinar su propio destino. Este espíritu sagrado debe respetarse, protegerse y relacionarse de forma apropiada con Dios, el Creador, o su poder se volverá hacia otros hombres para oprimirlos.

Esta ha sido la situación difícil de todas las personas del Tercer Mundo. Han caído víctimas de la ignorancia de los hombres con respecto a la igualdad y propósito de la humanidad. Todos hemos sido creados para servir a los propósitos de Dios como socios en el dominio sobre la creación, con el propósito de manifestar la naturaleza de Dios y el Reino en la Tierra como en el cielo.

Jesús, el Cristo, vino al mundo por esta razón: para restaurarnos para nuestro Dios Creador / Padre a través de su obra expiatoria, a fin de que podamos redescubrir el lugar legítimo dentro de su voluntad para la creación, no para crear una religión. Este gran mensaje, llamado Evangelio, ha sido contaminado por muchos por sus motivaciones personales e incluso se ha usado para justificar la opresión y supresión en muchos casos. Por lo tanto, es imperativo que nosotros, en esta generación, nos comprometamos a nosotros mismos, así como nuestros recursos y nuestra energía, para destruir la ignorancia y el error que oscurece la verdad concerniente a la humanidad, la coronación de Dios de la creación.

Eres tan valioso y necesario para el destino de la raza humana que Dios eligió venir a la Tierra para redimirte a tu propósito y verdadero potencial. Aquello para lo cual naciste y lo que eres hizo que Jesucristo viniera a dar su vida para tu reconciliación. El mundo necesita tu potencial.

El mundo necesita tu potencial.

Nada es más trágico que desperdiciar, negar, abusar y suprimir el potencial humano. Los millones de personas del Tercer Mundo en Europa, Asia, África y en América, incluidos aquellos que están de forma quieta enterrados dentro de las paredes de los estados industriales, deben determinar ahora el liberarse de las cadenas mentales del opresor, para honrar la dignidad, el valor y el merecimiento de sus hermanos, y proveer un ambiente dentro del cual la voluntad corporativa y la energía de las personas se puedan desarrollar. Debemos trazar un nuevo mapa basado en los principios del Reino de Dios que captarán los recursos intelectuales, las virtudes espirituales y la industria económica de nuestro pueblo y proveerá una incubadora nacional que animará a la maximización del potencial de las generaciones venideras.

La elección es tuya.
Eres responsable de comprender, liberar y maximizar tu potencial.

PRINCIPIOS

1. Todo lo que Dios creó está equipado con el potencial o la habilidad para lograr el propósito dado por Dios.

2. No puedes maximizar el potencial a menos que vivas en un ambiente que conduzca al desarrollo y la liberación.

3. El potencial puede minimizarse, restringirse o inmovilizarse debido a un ambiente inapropiado.

4. El potencial se pierde cuando intentas vivir por tus propios recursos.

5. La ignorancia roba la vida y causa la muerte.

6. Tú posees la habilidad de dominar y administrar la Tierra.

7. Eres valioso y necesario para el destino de la raza humana.

Guía de estudio

Con el fin de maximizar el provecho que usted puede sacar a la lectura de este libro, el autor, Dr. Myles Munroe ha preparado una guía de estudio de 75 páginas, ideal para usar tanto en el entrenamiento personal como en grupos. Esta guía es completamente gratuita y puede encontrarla e imprimirla ingresando a la página Web de Editorial Peniel en esta dirección:

http://peniel.com/mylesmunroe/maximicesupotencial/guia.pdf

Esperamos que este libro
haya sido de su agrado.
Para información o comentarios,
escríbanos a la dirección
que aparece debajo.

Muchas gracias.

PENIEL
info@peniel.com
www.peniel.com